〔明〕王守仁 著

〔明〕嘉靖二十六年刊

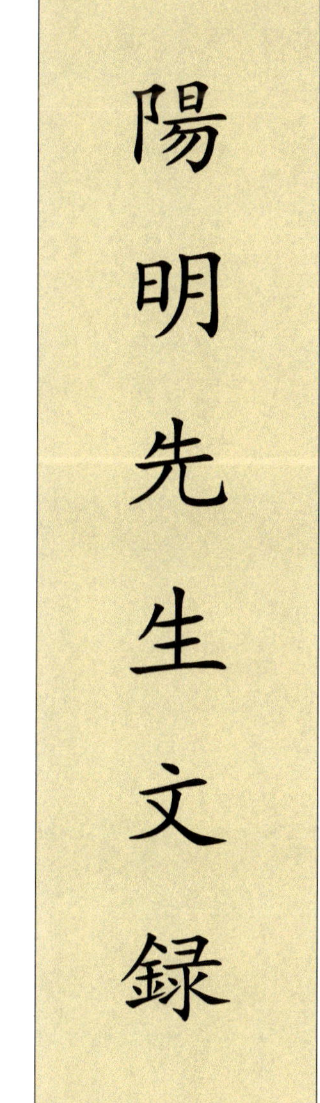

陽明先生文録

江蘇大學出版社
鎮江

2

陽明先生文録卷之六

序　記　説

别三子序　丁卯

自程朱諸大儒没而師友之道遂亡六經分裂於訓詁支離蕪蔓於辭章業舉之習聖學幾於息矣有志之士思起而興之然卒徘徊嗟咨逡巡而不振因弛然自廢者亦志之弗立弗講於師友之道也夫一人爲之二人從而翼之已而翼之者益衆焉雖有難爲之事其弗成者鮮矣一人爲之二人從而危之已而危之者益衆焉雖有易成之功其克濟者亦鮮矣故

凡有志之士必求助於師友無師友之助者志之弗
立弗求者也自予始知學即求師於天下而莫予誨
也求友於天下而與予者寡矣又求同志之士二三
子之外邈乎其寥寥也殆予之志有未立邪蓋自近
年而又得蔡希顔朱守中於山陰之白洋得徐曰仁
於餘姚之馬堰曰仁予妹婿也希顔之深潛守中之
明敏曰仁之溫恭皆予所不逮三子者徒以一日之
長視予以先輩予亦居之而弗辭非能有加也姑欲
假三子者而爲之證遂忘其非有也二三子者亦姑
欲假予而存師友之餼羊不謂其不可也當是之時

其相與也亦泯乎難哉予有歸隱之圖方將與三子就雲霞依泉石追濂洛之遺風求孔顔之真趣灑然而樂超然而遊忽焉而忘吾之老也今年三子者為有司所選一舉而盡之何予得之之難而有司者襲取之之易也予未暇以得舉為三子喜而先以失助為予憾三子亦無喜於其得舉而方且戚於其去予也漆雕開有言吾斯之未能信斯三子之心歟曾點志於詠歌浴沂而夫子喟然與之斯予與三子之冥然而契不言而得之者歟三子行矣遂使舉進士任職就列吾知其能也然而非所欲也使遂不進而歸

詠歌優游有日吾知其樂也然而未可必也天將降大任於是人必先違其所樂而投之於其所不欲所以衡心拂慮而增其所不能是玉之成也其在茲行歟三子則焉往而非學矣而予終寡於同志之助也三子行矣沈潛剛克高明柔克非箕子之言乎溫恭亦沈潛也三子識之焉往而非學矣苟三子之學成雖不吾邇其爲同志之助也不多乎哉增城湛原明宦於京師吾之同道友也三子往是焉猶吾見也已

贈林以吉歸省序 辛未

陽明子曰求聖人之學而弗成者殆以志之弗立歟

天下之人志輪而輪焉志裘而裘焉志巫醫而巫醫焉志其事而弗成者吾未之見也輪裘巫醫遍天下求聖人之學者閒數百年而弗一二見爲其事之難歟亦其志之難歟弗志其事而能有成者吾亦未之見也林以吉將求聖人之事過予而論學予曰子盍論子之志乎志定矣而後學可得而論子閩也將閩是求而予言予以越之道路弗之聽也予越也將越是求而予言予以閩之道路弗之聽也夫久溺於流俗而驟語以求聖人之事其始也必將有自餒而不敢當已而舊習牽焉又必有自眩而不能決已而外

議奪焉又必有自沮而或以懈夫餒而求有以勝之
眩而求有以信之沮而求有以進之吾見立志之難
能也已志立而學半四子之言聖人之學備矣苟志
立而於是乎求焉其切磋講明之益以吉自取之尚
其有窮也哉見素先生子諸父也子歸而以予言正
之且以爲何如

送宗伯喬白巖序 辛未

大宗伯白巖喬先生將之南都過陽明子而論學陽
明子曰學貴專先生曰然予少而好弈食忘味寢忘
寐目無改觀耳無改聽蓋一年而詘鄉之人三年而

國中莫有予當者學貴專哉陽明子曰學貴精先生曰然予長而好文詞字字而求焉句句而鳩焉研衆史覈百氏蓋始而希迹於宋唐終焉浸入於漢魏學貴精哉陽明子曰學貴正先生曰然予中年而好聖賢之道奕吾悔焉文詞吾媿焉吾無所容心矣子以爲奚若陽明子曰可哉學奕則謂之學學文詞則謂之學學道則謂之學然而其歸遠也道大路也外是荆棘之蹊鮮克達矣是故專於道斯謂之專精於道斯謂之精專於奕而不專於道其專溺也精於文詞而不精於道其精僻也夫道廣矣大矣文詞技能於

是乎出而以文詞技能爲者去道遠矣是故非專則不能以精非精則不能以明非明則不能以誠故曰惟精惟一精精也專一也精則明矣明則誠矣是故明精之爲也誠一之基也一天下之大本也精天下之大用也知天地之化育而況於文詞技能之末乎先生曰然哉予將終身焉而悔其晚也陽明子曰豈易哉公卿之不講學也久矣昔者衛武公年九十而猶詔於國人曰毋以老耄而棄予先生之年半於武公而功可倍之也先生其不媿於武公哉某也敢忘國士之交警

贈王堯卿序 辛未

終南王堯卿爲諫官三月以病致其事而去交遊之贈言者以十數而猶乞言於予甚哉吾黨之多言也夫言日茂而行益荒吾欲無言也久矣自學術之不明世之君子以名爲實凡今之所謂務乎其實皆其務乎其名者也可無察乎堯卿之行人皆以爲高矣才人皆以爲美矣學人皆以爲博矣是可以無察乎自喜於一節者不足與進於全德之地求免於鄉人者不可以語於聖賢之途氣浮者其志不確心麤者其造不深外誇者其中日陋矣已吾惡夫言之多也

虎谷有君子類無言者堯卿過焉其以予言質之

別張常甫序 辛未

太史張常甫將歸省告別於司封王某曰期之別也何以贈我乎某曰處九月矣未嘗有言焉期之別又多乎哉常甫曰斯邦奇之過也雖然必有以贈我某曰工文詞多論説廣探極覽以爲博也可以爲學乎常甫曰知之辯名物考度數釋經正史以爲容也可以爲學乎常甫曰知之整容色脩辭氣言必信動必果談説仁義以爲行也可以爲學乎常甫曰知之曰去是三者而恬淡其心專一其氣廓然而虛湛然而

定以爲靜也可以爲學乎常甫默然良久曰亦知之
某曰然知之古之君子惟有所不知也而後能知之
後之君子惟無所不知是以容有不知也夫道有本
而學有要是非之辯精矣義利之間微矣斯吾未之
能信焉曷亦姑無以爲知之也而姑疑之而姑思之
乎常甫曰唯吾姑無以爲知之而姑疑之而姑思之
期而見吾有以復於子

別湛甘泉序 壬申

顏子没而聖人之學亡曾子唯一貫之旨傳之孟軻
絶又二千餘年而周程續自是而後言益詳道益晦

析理益精學益支離無本而事於外者益繁以難蓋孟氏患楊墨周程之際釋老大行今世學者皆知宗孔孟賤楊墨擯釋老聖人之道若大明於世然吾從而求之聖人不得而見之矣其能有若墨氏之兼愛者乎其能有若楊氏之爲我者乎其能有若老氏之清淨自守釋氏之究心性命者乎吾何以楊墨老釋之思哉彼於聖人之道異然猶有自得也而世之學者章繪句琢以誇俗詭心色取相飾以僞謂聖人之道勞苦無功非復人之所可爲而徒取辯於言詞之間古之人有終身不能究者今吾皆能言其略自以

爲若是亦足矣而聖人之學遂廢則今之所大患者豈非記誦詞章之習而弊之所從來無亦言之太詳析之太精者之過歟夫楊墨老釋學仁義求性命不得其道而偏焉固非若今之學者以仁義爲不可學性命之爲無益也居今之時而有學仁義求性命外記誦詞章而不爲者雖其陷於楊墨老釋之偏吾猶且以爲賢彼其心猶求以自得也夫求以自得而後可與之言學聖人之道某幼不聞學陷溺於邪僻者二十年而始究心於老釋賴天之靈因有所覺始迺沿周程之説求之而若有得焉顧一二同志之外莫

予翼也岌岌乎仆而復興晚得友於甘泉湛之子而後吾之志益堅毅然若不可遏則予之資於甘泉多矣甘泉之學務求自得者也世未之能知其知者且疑其爲禪誠禪也吾猶未得而見而況其所志卓爾若此則如甘泉者非聖人之徒歟多言又烏足病也夫多言不足以病甘泉與甘泉之不爲多言病也吾信之吾與甘泉友意之所在不言而會論之所及不約而同期於斯道斃而後已者今日之別吾容無言夫惟聖人之學難明而易惑習俗之降愈下而益不可回任重道遠雖已無俟於言顧復於吾心若有不

容已也則甘泉亦豈以予言爲贅乎

別方叔賢序 辛未

予與叔賢處二年見叔賢之學凡三變始而尚辭再變而講説又再變而慨然有志聖人之道方其辭章之尚於予若氷炭焉講説矣則違合者半及其有志聖人之道而沛然於予同趣將遂去之西樵山中以成其志叔賢亦可謂善變矣聖人之學以無我爲本而勇以成之予始與叔賢爲僚叔賢以郎中故事位吾上及其學之每變而禮予日恭卒乃自稱門生而待予以先覺此非脱去世俗之見超然於無我者不

能也雖横渠子之勇撤臯比亦何以加於此獨愧予之非其人而何以當之夫以叔賢之善變而進之以無我之勇其於聖人之道也何有斯道也絶響於世餘三百年矣叔賢之美有若是是以樂爲吾黨道之

别王純甫序 壬申

王純甫之掌教應天也陽明子既勉之以孟氏之言純甫謂未盡也請益曰道未之嘗學而以教爲職繇官其罪矣敢問教何以哉陽明子曰其學乎盡吾之所以學者而教行焉耳曰學何以哉曰其教乎盡吾之所以教者而學成焉耳古之君子有諸己而後求

諸人也曰剛柔淳漓之異質矣而盡之我教其可一
乎曰不一所以一之也天之於物也巨微修短之殊
位而生成之一也惟技也亦然弓冶不相爲能而其
足於用亦一也匠斲也陶埴也圬墁也其足以成室
亦一也是故立法而考之技也各詣其巧矣而同足
於用因人而施之教也各成其材矣而同歸於善仲
尼之答仁孝也孟氏之論貨色也可以觀教矣曰然
則教無定法乎昔之辯者則何嚴也曰無定矣而以
之必天下則弓焉而冶廢匠焉而陶圬廢聖人不欲
人人而聖之乎然而質人人殊故辯之嚴者曲之致

也是故或失則隘或失則支或失則流矣是故因人而施者定法矣同歸於善者定法矣因人而施質異也同歸於善性同也夫敎以復其性而已由堯舜而來未之有改而謂無定乎

別黃宗賢歸天台序 壬申

君子之學以明其心其心本無昧也而欲爲之蔽習爲之害故去蔽與害而明復匪自外得也心猶水也汚入之而流濁猶鑑也垢積之而光昧孔子告顏淵克己復禮爲仁孟軻氏謂萬物皆備於我反身而誠夫己克而誠固無待乎其外也世儒既叛孔孟之說

昧於大學格致之訓而徒務博乎其外以求益乎其内皆入汚以求清積垢以求明者也弗可得已守仁幼不知學陷溺於邪僻者二十年疾疢之餘求諸孔子子思孟軻之言而恍若有見其非守仁之能也宗賢於我自爲童子即知棄去舉業厲志聖賢之學循世儒之説而窮之愈勤而益難非宗賢之罪也學之難易失得也有原吾嘗爲宗賢言之宗賢於吾言猶渇而飲無弗入也毎見其溢於面今既豁然吾黨之良莫有及者謝病去不忍予別而需予言夫言之而莫予聽倡之而莫予和自今失吾助矣吾則忍於宗

賢之別而容無言乎宗賢歸矣爲我結廬天台鴈蕩之間吾將老焉終不使宗賢之獨往也

贈周瑩歸省序　乙亥

永康周瑩德純嘗學於應子元忠既乃復見陽明子而請益陽明子曰子從應子之所來乎然曰應子則何以教子曰無他言也惟日誨之以希聖希賢之學毋溺於流俗且曰斯吾所嘗就正於陽明子者也子而不吾信則盍親往焉瑩是以不遠千里而來謁曰子之來也猶有所未信乎曰信之曰信之而又來何也曰未得其方也陽明子曰子既得其方矣無所事

於吾周生悚然有間曰先生以應子之故望卒賜之教陽明子曰子既得之矣無所事於吾周生悚然而起茫然有間曰瑩愚不得其方先生毋乃以瑩爲戲望卒賜之教陽明子曰子之自永康而來也程幾何曰千里而遥曰遠矣從舟乎曰從舟而又登陸也曰勞矣當茲六月亦暑乎曰途之暑特甚也曰難矣具資糧從童僕乎曰中途而僕病乃舍貸而行曰茲益難矣曰子之來既遠且勞其難若此也何不遂返而必來乎將亦無有強子者乎曰瑩至於夫子之門勞苦艱難誠樂之寧以是而遂返又俟乎人之強之也乎

曰斯吾之所謂子之旣得其方也子之志欲至於吾門也則遂至於吾門無假於人子而志於聖賢之學有不至於聖賢者乎而假於人乎子之舍舟從陸捐僕貸粮冒毒暑而來也則又安所從受之方也生躍然起拜曰茲乃命之方也已抑瑩由於其方而迷於其說必俟夫子之言而後躍如也則何居陽明子曰子未覩乎爇石以求灰者乎火力具足矣乃得水而遂化子歸就應子而足其火力焉吾將儲擔石之水以俟子之再見

贈林典卿歸省序　乙亥

林典卿與其弟遊於大學，且歸，辭於陽明子曰：元叙嘗聞立誠於夫子矣，今兹歸，敢請益。陽明子曰：立誠。典卿曰：學固此乎？天地之大也，而星辰麗焉，日月明焉，四時行焉，引類而言之，不可窮也；人物之富也，而草木蕃焉，禽獸群焉，中國夷狄分焉，引類而言之，不可盡也。夫古之學者，殫智慮，弊精力，而莫究其緒焉；靡晝夜，極年歲，而莫竟其說焉；析蠶絲，擢牛毛，而莫既其奥焉。而曰立誠，立誠盡之矣乎？陽明子曰：立誠盡之矣。夫誠，實理也。其在天地，則其麗焉者，則其明焉者，則其行焉者，則其引類而言之不可窮焉者，皆誠也其在人物則其蕃焉者則其群焉者則其分焉者則其引類而言之不可盡焉者皆誠也是故殫智慮弊精力而莫究其緒也靡晝夜極年歲而莫竟其說也析蠶絲擢牛毛而莫既其奧也夫誠一而已矣故不可復有所益益之是為二也二則偽故誠不可益不可益故至誠無息與鄉起拜曰吾今乃知夫子之教若是其要也請終身事之不敢復有所疑陽明子曰子歸有黃宗賢氏者應元忠氏者方與講學於天台雁蕩之間儻遇焉其遂以吾言諗之

贈陸清伯歸省序乙亥

陸清伯澄歸歸安與其友二三子論繹所學贈處焉二三子或曰清伯之學日進矣始吾見清伯其氣揚揚然若浮雲其言滔滔然若流波今而日默默爾日慊慊爾日雍雍爾日休休爾有大徑庭焉以是知其進也或曰清伯始見夫子一月一至既而旬一至又既而五六日三四日日而一至又既而遷居於夫子之傍後乃請於夫子掃庾下之室而旦暮侍焉夫德莫淑於尊賢學莫遄於親師故趨權門者日進於勢遊市肆者日進於利清伯於夫子之道日加親附焉吾未遑其他即是可以知其學之進也矣清伯曰有是

哉澄則以爲日退也澄聞夫子之教而茫然已而歆然怨耿然而疑已而大疑焉又悶然大駭乃忽闖然若有覩也當是時則亦幾有所益矣自是且數月益悠焉游焉業不加脩焉反而求焉倀倀然頽頽然昏蔽擴而愈進私累息而愈興衆妄攻而愈固如上灘之舟屢失屢下力挽而不能前以爲日退也明日又辭於陽明子二三子偕焉各言其所以陽明子曰其然乎其然乎謂已爲日退者進脩之勵善日進矣謂人爲日進者與人爲善者其善亦日進矣雖然謂已爲日退也而意阻焉能無日退乎謂人爲日進也而

氣歟焉亦能無日退乎斯又進退之機吉凶之所由分也可無慎乎

贈周以善歸省序乙亥

江山周以善究心格物致知之學有年矣苦其難而不能有所進也聞陽明子之說而異之意其或有見也就而問之聞其說戚然若有所省歸求其故而不合則遲疑旬日又往聞其說則又戚然若有所省歸求其故而不合則又遲疑者旬日如是往復數月求之既無所獲去之又弗能也乃往告之以其故陽明子曰子未聞昔人之論弈乎弈之爲數小數也不專

心致志則亦不可以得也今子入而聞吾之說出而有鴻鵠之思焉亦何怪乎勤而弗獲矣於是退而齋潔而以弟子之禮請陽明子與之坐蓋默然良久乃告之以立誠之說聳然若仆而興也明日又言之加密焉證之以大學明日又言之加密焉證之以論孟明日又言之加密焉證之以中庸乃躍然喜避席而言曰積今而後無疑於夫子之言而後知聖賢之教若是其深切簡易也而後知所以格物致知以誠吾之身吾喜焉吾悔焉十年之攻徒以斃精神而亂吾之心術也悲夫積將以夫子之言告同志裨及時從

◎

事於此無若積之底於悔也庶以報夫子之德而無負於夫子之教居月餘告歸陽明子叙其言以遺之使無忘於得之之難也

贈郭善甫歸省序　乙亥

郭子自黄來學踰年而告歸曰慶聞夫子立志之説亦既知所從事矣今茲將遠去敢請一言以爲夙夜勗陽明子曰君子之於學也猶農夫之於田也既善其嘉種矣又深耕易耨去其蝥莠時其灌溉早作而夜思皇皇惟嘉種之是憂也而後可望於有秋夫志猶種也學問思辨而篤行之是耕耨灌溉以求於有

秋也志之弗端是荑稗也志端矣而功之弗繼是五穀之弗熟弗如荑稗也吾嘗見子之求嘉種矣然猶懼其或荑稗也見子之勤耕耨矣然猶懼其荑稗之弗如也夫農春種而秋成時也由志學而至於立自春而徂夏也由立而至於不惑去夏而秋矣已過其時猶種之未定不亦大可懼乎過時之學非人一已百未之敢望而猶或作輟焉不亦大可哀乎從吾游者衆矣雖開說之多未有出於立志者故吾於子之行卒不能舍是而別有所說子亦可以無疑於用力之方矣

贈鄭德夫歸省序　乙亥

西安鄭德夫將學於陽明子聞士大夫之議者以爲禪學也復已之則與江山周以善者姑就陽明子之門人而考其說若非禪者也則又姑與就陽明子親聽其說焉蓋旬有九日而後釋然於陽明子之學非禪也始具弟子之禮師事之問於陽明子曰釋與儒孰異乎陽明子曰子無求其異同於儒釋求其是者而學焉可矣曰是與非孰辨乎曰子無求其是非於講說求諸心而安焉者是矣曰心又何以能定是非乎曰無是非之心非人也口之於甘苦也與易牙同目

之於妍媸也與離婁同心之於是非也與聖人同其有昧焉者其心之於道不能如口之於味目之於色之誠切也然後私得而蔽之子務立其誠而已子惟慮夫心之於道不能如口之於味目之於色之誠切也而何慮夫甘苦妍媸之無辯也乎曰然則五經之所載四書之所傳其皆無所用乎曰孰爲而無所用乎是甘苦妍媸之所在也使無誠心以求之是談味論色而已也又孰從而得甘苦妍媸之眞乎旣而告歸請陽明子爲書其說遂書之

紫陽書院集序　乙亥

豫章熊侯世芳之守徽也既敷政其境內乃大新紫陽書院以明朱子之學萃七校之秀而躬教之於是校士程曾氏採摭書院之興廢爲集而弁以白鹿之規明政教也來請予言以諗多士夫爲學之方白鹿之規盡矣警勸之道熊侯之意勤矣興廢之故程生之集備矣又奚以予言爲乎然予聞之德有本而學有要不於其本而泛焉以從事高之而虛無卑之而支離終亦流蕩失宗勞而無得矣是故君子之學惟求得其心雖至於位天地育萬物未有出於此心之外也孟氏所謂學問之道無他求其放心而已矣者

一言以蔽之故博學者學此者也審問者問此者也慎思者思此者也明辯者辯此者也篤行者行此者也心外無事心外無理故心外無學是故於父子盡吾心之仁於君臣盡吾心之義言吾心之忠信行吾心之篤敬懲心忿窒心欲遷心善改心過處事接物無所往而非求盡吾心以自慊也譬之植焉心其根也學也者其培擁之者也灌溉之者也扶植而刪鋤之者也無非有事於根焉耳矣朱子白鹿之規首之以五教之目次之以爲學之方又次之以處事接物之要若各爲一事而不相蒙者斯殆朱子平日之意

所謂隨事精察而力行之庶幾一旦貫通之妙也歟然而世之學者往往遂失之支離瑣屑色莊外馳而流入於口耳聲利之習豈朱子之教使然哉故吾因諸士之請而特原其本以相勗庶幾乎操存講習之有要亦所以發明朱子未盡之意也

朱子晚年定論序　戊寅

洙泗之傳至孟子而息千五百餘年濂溪明道始復追尋其緒自後辯析日詳然亦日就支離決裂旋復湮晦吾嘗深求其故大抵皆世儒之多言有以亂之守仁蚤歲業舉溺志辭章之習既乃稍知從事正學

而苦於衆說之紛撓疲苶茫無可入因求諸老釋欣然有會於心以爲聖人之學在此矣然於孔子之教間相出入而措之日用往往闕漏無歸依違往返且信且疑其後謫官龍場居夷處困動心忍性之餘恍若有悟體驗探求再更寒暑證諸六經四子沛然若決江河而放之海也然後嘆聖人之道坦如大路而世之儒者妄開竇逕蹈荊棘墮坑塹究其爲說反出二氏之下宜乎世之高明之士厭此而趨彼也此豈二氏之罪哉間嘗以此語同志而聞者競相非議目以爲立異好奇雖每痛反深抑務自搜剔斑瑕而愈

益精明的確洞然無復可疑獨於朱子之說有相牴牾恒疚於心切疑朱子之賢而豈其於此尚有未察及官留都復取朱子之書而檢求之然後知其晚歲固已大悟舊說之非痛悔極艾至以爲自誑誑人之罪不可勝贖世之所傳集註或問之類乃其中年未定之說自咎以爲舊本之誤思改正而未及而其諸語類之屬又其門人挾勝心以附己見固於朱子平日之說猶有大相繆戾者而世之學者局於見聞不過持循講習於此其於悟後之論槩乎其未有聞則亦何恠乎予言之不信而朱子之心無以自暴於後

世也乎予既自幸其說之不繆於朱子又喜朱子之先得我心之同然且慨夫世之學者徒守朱子中年未定之說而不復知求其晚歲既悟之論競相呶呶以亂正學不自知其已入於異端輒採録而裒集之私以示夫同志庶幾無疑於吾說而聖學之明可冀矣

别梁日孚序　戊寅

聖人之道若大路雖有跛蹩行而不已未有不至而世之君子顧以爲聖人之異於人若彼其甚遠也其爲功亦必若彼其甚難也而淺易若此豈其可及乎

則從而求之艱深恍惚溺於支離鶩於虚高率以爲聖人之道必不可至而甘於其質之所便日以淪於汚下有從而求之者競相喚訕曰狂誕不自量者也嗚呼其弊也亦豈一朝一夕之故哉孟子云徐行後長者謂之弟疾行先長者謂之不弟夫徐行者豈人所不能哉所不爲也世之人不知咎其不爲而歸咎於其不能其亦不思而已矣進士梁日孚携家謁選於京過贛停舟見予始與之語移時而别明日又來與之語日昃而别又明日又來日入而未忍去又明日則假館而請受業焉同舟之人強之北者閧譬百

端曰孚皆笑而不應莫不囂且異其最親愛者曰子有萬里之行戒僮僕聚資斧具舟楫又挈其家室經營閲歲而始就道行未數百里而中止此不有大苦必有大樂者乎子亦可以語我乎曰孚笑曰吾今則有大苦亦誠有大樂者然未易以語子也子見病狂喪心者乎方其昏迷躓亂赴湯火蹈荆棘莫不恬然自信以爲是也比遇良醫沃之以清冷之漿而援之以神明之劑始蹶然以醒告之以其向之所爲又始駭然以苦示之以其所從歸之途又始欣然以喜且恨遇斯人之晚也彼病狂不復者反從而哂唁之以

爲是變其常今吾與子之事亦何以異於此矣居無何予以軍旅之役出而遠曰乎者且兩月謂曰乎旣去矣及旋而曰乎居然以待旣以委其資斧於逆旅歸其家室於故鄉泊然而樂若將終身焉扣其學曰有所明而月有所異矣然後益歎聖人之學非夫自暴自棄未有不可由之而至而曰乎出於流俗殆孟子所謂豪傑之士者矣復留於三月其母使人來謂曰姑止行以畢吾願然後從爾所好知曰乎者亦交以是勸曰乎請曰焯然能一日而去夫子將復赴湯火蹈荊棘矣予曰其然哉子以聖人之道爲有方體

乎爲可拘之以時限之以地乎世未有旣醒之人而復赴湯火蹈荆棘者予務醒其心毋徒湯火荆棘之爲懼日孚良乂曰焯近之矣聖人之道求之於心故不滯於事出之以理故不泥於物根之以性故不拘以時動之以神故不限以地苟知此矣焉往而非學也奚必恒於夫子之門乎焯請暫辭而北疑而復求正予莞爾而笑曰近之矣近之矣

大學古本序 戊寅

大學之要誠意而已矣誠意之功格物而已矣誠意之極止至善而已矣止至善之則致知而已矣正心

復其體也修身著其用也以言乎已謂之明德以言乎人謂之親民以言乎天地之間則備矣是故至善也者心之本體也動而後有不善而本體之知未嘗不知也意者其動也物者其事也致其本體之知而動無不善然非即其事而格之則亦無以致其知故致知者誠意之本也格物者致知之實也物格則知致意誠而有以復其本體是之謂止至善聖人懼人之求之於外也而反覆其辭舊本析而聖人之意亡矣是故不務於誠意而徒以格物者謂之支不事於格物而徒以誠意者謂之虛不本於致知而徒以格

物誠意者謂之妄支與虛與妄其於至善也遠矣合之以敬而益綴補之以傳而益離吾懼學之日遠於至善也去分章而復舊本傍爲之什以引其義庶幾復見聖人之心而求之者有其要噫乃若致知則存乎心悟致知焉盡矣

禮記纂言序　庚辰

禮也者理也理也者性也性也者命也維天之命於穆不已而其在於人也謂之性其粲然而條理也謂之禮其純然而粹善也謂之仁其截然而裁制也謂之義其昭然而明覺也謂之知其渾然於其性也則

理一而已矣故仁也者禮之體也義也者禮之宜也知也者禮之通也經禮三百曲禮三千無一而非仁也無一而非性也天叙天秩聖人何心焉蓋無一而非命也故克己復禮則謂之仁窮理則盡性以至於命盡性則動容周旋中禮矣後之言禮者吾惑焉紛紜器數之爭而牽制刑名之末窮年矻矻弊精於祝史之糟粕而忘其所謂經綸天下之大經立天下之大本者禮云禮云玉帛云乎而人之不仁也其如禮何哉故老莊之徒外禮以言性而謂禮爲道德之衰仁義之失既已墮於空虛漭蕩而世儒之說復外性

以求禮遂謂禮止於器制度數之間而議擬倣像於影響形迹以爲天下之禮盡在是矣故凡先王之禮煙蒙灰散而卒以煨燼於天下要亦未可專委罪於秦火者僭不自度嘗欲取禮記之所載掇其大經大本而疏其條理節目庶幾器道本末之一致又懼其德之弗任而時亦有所未及也間嘗爲之説曰禮之於節文也猶規矩之於方圓也非方圓無以見規矩之用非節文則亦無從而睹所謂禮矣然方圓者規矩之所出而不可遂以方圓爲規矩故執規矩以爲方圓則方圓不可勝用舍規矩以爲方圓而遂以方

圓爲之規矩則規矩之用息矣故規矩者無一定之方圓而方圓者有一定之規矩此學禮之要盛德者之所以動容周旋而中也宋儒朱仲晦氏慨禮經之蕪亂嘗欲考正而刪定之以儀禮爲之經禮記爲之傳而其志竟亦弗就其後吳幼清氏因而爲纂言亦不數數於朱說而於先後輕重之間固已多所發明二子之見其規條指畫則既出於漢儒矣其所謂觀其會通以行其典禮之原則尚恨吾生之晚而未及與聞之也雖然後聖而有作則無所容言矣後聖而未有作也則如纂言者固學禮者之箕裘筌蹄而可

以小之乎姻友胡汝登忠信而好禮其爲寧國也將以是而施之刻纂言以敷其說而屬序於予予將進汝登之道而推之於其本也故爲序之若此云

象山文集序 庚辰

聖人之學心學也堯舜禹之相授受曰人心惟危道心惟微惟精惟一允執厥中此心學之源也中也者道心之謂也道心精一之謂仁所謂中也孔孟之學惟務求仁蓋精一之傳也而當時之弊固已有外求之者故子貢致疑於多學而識而以博施濟衆爲仁夫子告之以一貫而教以能近取譬蓋使之求諸其

心也逮於孟氏之時墨氏之言仁至於摩頂放踵而告子之徒又有仁內義外之說心學大壞孟子闢義外之說而曰仁人心也學問之道無他求其放心而已矣又曰仁義禮智非由外鑠我也我固有之弗思耳矣蓋王道息而伯術行功利之徒外假天理之近似以濟其私而以欺於人曰天理固如是不知既無其心矣而尚何有所謂天理者乎自是而後析心與理而爲二而精一之學亡世儒之支離外索於刑名器數之末以求明其所謂物理者而不知吾心即物理初無假於外也佛老之空虛遺棄其人倫事物之

常以求明其所謂吾心者而不知物理即吾心不可得而遺也至宋周程二子始復追尋孔顔之宗而有無極而太極定之以仁義中正而主靜之說動亦定靜亦定無内外無將迎之論庶幾精一之旨矣自是而後有象山陸氏雖其純粹和平若不逮於二子而簡易直截眞有以接孟氏之傳其議論開闢時有異者乃其氣質意見之殊而要其學之必求諸心則一而已故吾嘗斷以陸氏之學孟氏之學也而世之議者以其嘗與晦翁之有同異而遂詆以爲禪夫禪之說棄人倫遺物理而要其歸極不可以爲天下國家

苟陸氏之學而果若是也乃所以爲禪也今禪之說與陸氏之說其書具存學者苟取而觀之其是非同異當有不待於辯說者而顧一倡羣和勦說雷同如矮人之觀場莫知悲笑之所自豈非貴耳賤目不得於言而勿求諸心者之過歟夫是非同異每起於人持勝心便舊習而是已見故勝心舊習之爲患賢者不免焉撫守李茂元氏將重刊象山之文集而請一言爲之序予何所容言哉惟讀先生之文者務求諸心而無以舊習已見先焉則糠粃精鑿之美惡入口而知之矣

觀德亭記 戊寅

君子之於射也內志正外體直持弓矢審固而後可以言中故古者射以觀德德也者得之於其心也君子之學求以得之於其心故君子之於射以存其心也是故懆於其心者其動妄蕩於其心者其視浮歉於其心者其氣餒忽於其心者其貌惰傲於其心者其色矜五者心之不存也不存也者不學也君子之學於射以存其心也是故心端則體正心敬則容肅心平則氣舒心專則視審心通故時而理心純故讓而恪心宏故勝而不張負而不弛七者備而君子之

德成君子無所不用其學也於射見之矣故曰爲人君者以爲君鵠爲人臣者以爲臣鵠爲人父者以爲父鵠爲人子者以爲子鵠射也者射已之鵠也鵠也者心也各射已之心也各得其心而已故曰可以觀德矣作觀德亭記

重修文山祠記　戊寅

宋丞相文山文公之祠舊在廬陵之富田今螺川之有祠實肇於我　孝皇之朝然亦因廢爲新多缺陋而未稱正德戊寅縣令邵德容始恢其議於郡守伍文定相與白諸廵撫廵按守廵諸司皆以是爲風化

之所係也爭措財鳩工圖拓而新之協守令之力不再踰月而工萃圮者完隘者闢遺者舉巍然煥然不獨廟貌之改觀而吉之人士奔走瞻嘆翕然益起其忠孝之心則是舉之有益於名教也誠大矣使來請記嗚呼公之忠天下之達忠也結椎異類猶知敬慕而況其鄉之人乎逆旅經行猶存尸祝而況其鄉之士乎凡有職守皆知尊尚而況其土之官乎然而鄉人之慕之也三有司之崇尚之也三公之没今且三百年矣吉士之以氣節行義後先炳燿謂非聞公之風而興不可也然忠義之降激而爲氣節氣節之弊

流而爲客氣其上焉者無所爲而爲固公所謂成仁取義者矣其次有所爲矣然猶其氣之近於正者也迨其獘也遂有憑其憤戾粗鄙之氣以行其冒嫉禍鷙之私士流於矯拂民入於健訟人欲熾而天理滅而猶自視以爲氣節若是者容有之乎則於公之道非所謂操戈入室者歟吾欲備而論之以勗夫兹鄉之後進使之去其偏以歸於全克其私以反於正不媿於公而已矣今廵撫暨諸有司之表勵崇飾固將以行其好德之心振揚風教詩所謂民之秉彛好是懿德者也人亦孰無是心苟能充之公之忠義在我

美而又何羨乎然而時之表勵崇飾有好其實而崇之者有慕其名而崇之者有假其迹而崇之者忠義有諸已思以喻諸人因而表其祠宇樹之風聲是好其實者也知其美而未能誠諸身姑以修其祠宇彰其事迹是慕其名者也飾之祠宇而壞之於其身矯之文具而敗之於其行奸以掩其外而襲以附其中是假其迹者也若是者容有之乎則於公之道非所謂毀瓦畫墁者歟吾固備而論之以勖夫後之官兹土者使無徒慕其名而務求其實毋徒修公之祠而務修公之行不媿於公而已矣某嘗令兹邑睹公祠

之地陋而未能恢既有媿於諸有司慨其風聲氣習之或獘而未能講去其偏復有媿於諸人士樂茲舉之有成也推其媿心之言而爲之記

從吾道人記 乙酉

海寧董蘿石者年六十有八矣以能詩聞江湖間與其鄉之業詩者十數輩爲詩社旦夕操紙吟鳴相與求句字之工至廢寢食遺生業時俗共非笑之不顧以爲是天下之至樂矣嘉靖甲申春蘿石來游會稽聞陽明子方與其徒講學山中以杖肩其瓢笠詩卷來訪入門長揖上坐陽明子異其氣貌且年老矣禮

敬之又詢知其爲董蘿石也與之語連日夜蘿石辭彌謙禮彌下不覺其席之彌側也退謂陽明子之徒何生秦曰吾見世之儒者支離瑣屑修飾邊幅爲偶人之狀其下者貪饕爭奪於富貴利欲之場而嘗不屑其所爲以爲世豈真有所謂聖賢之學乎直假道於是以求濟其私耳故遂篤志於詩而放浪於山水今吾聞夫子良知之說而忽若大寐之得醒然後知吾向之所爲日夜弊精勞力者其與世之營營利祿之徒特清濁之分而其間不能以寸也幸哉吾非至於夫子之門則幾於虛此生矣吾將北面夫子而終

身焉得無旣老而有所不可乎秦起拜賀曰先生之年則老矣先生之志何壯哉入以請於陽明子陽明子喟然嘆曰有是哉吾未或見此翁也雖然齒長於我矣師友一也苟吾言之見信奚必北面而後爲禮乎蘿石聞之曰夫子殆以予誠之未積歟辭歸兩月棄其瓢笠持一縑而來謂秦曰此吾老妻之所織也吾之誠積若茲縷矣夫子其許我乎秦入以請陽明子曰有是哉吾未或見此翁也今之後生晚進苟知執筆爲文辭稍記習訓詁則已侈然自大不復知有從師學問之事見有或從師問學者則鬨然共非笑

指斥若恠物翁以能詩訓後進從之遊者遍於江湖蓋居然先輩矣一旦聞予言而棄去其數十年之成業如敝屣遂求北面而屈禮焉豈獨今之時而未見若人將古之記傳所載亦未多數也夫君子之學求以變化其氣質焉爾氣質之難變者以客氣之爲患而不能以屈下於人遂至自是自欺飾非長敖卒歸於兇頑鄙倍故凡世之爲子而不能孝爲弟而不能敬爲臣而不能忠者其始皆起於不能屈下而客氣之爲患耳苟惟理是從而不難於屈下則客氣消而天理行非天下之大勇不足以與於此則如蘿石曰

吾之師也而吾豈足以師蘿石乎蘿石甚哉夫子之拒我也吾不能以俟請矣入而強納拜焉陽明子固辭不獲則許之以師友之間與之探禹穴登爐峯陟秦望尋蘭亭之遺迹徜徉於雲門若耶鑑湖剡曲蘿石日有所聞益充然有得欣然樂而忘歸也其鄉黨之子弟親友與其平日之爲社者或笑而非或爲詩而招之返且曰翁老矣何乃自苦若是耶蘿石笑曰吾方幸逃於苦海方知憫若之自苦也顧以吾爲苦耶吾方揚鬐於渤澥而振羽於雲霄之上安能復投網罟而入樊籠乎去矣吾將從吾之所好遂自號曰

從吾道人陽明子聞之嘆曰卓哉蘿石血氣既衰戒之在得矣孰能挺持奮發而復若少年英鋭者之爲乎真可謂之能從吾所好矣世之人從其名之好也而競以相高從其利之好也而貪以相取從其心意耳目之好也而詐以相欺亦皆自以爲從吾所好矣而豈知吾之所謂真吾者乎夫吾之所謂真吾者良知之謂也父而慈焉子而孝焉吾良知之所好也不忠信焉不篤敬焉斯惡之矣故夫名利物欲之好私吾之好也天下之所惡也良知之好真吾之好也天下之所同好也是故從私吾之好則天下之人皆惡之

矣將心勞日拙而憂苦終身是之謂物之役從眞吾之好則天下之人皆好之矣將家國天下無所處而不當富貴貧賤患難夷狄無入而不自得斯之謂能從吾之所好也矣夫子嘗曰吾十有五而志於學是從吾之始也七十而從心所欲不踰矩則從吾而化矣蘿石踰耳順而始知從吾之學毋自以爲既晚也充蘿石之勇其進於化也何有哉嗚呼世之營營於物欲者聞蘿石之風亦可以知所適從也乎

親民堂記 乙酉

南子元善之治越也過陽明子而問政焉陽明子曰

政在親民曰親民何以乎曰在明明德曰明明德何以乎曰在親民曰明德親民一乎曰一也明德者天命之性靈昭不寐而萬理之所從出也人之於其父也而莫不知孝焉於其兄也而莫不知弟焉於凡事物之感莫不有自然之明焉是其靈昭之在人心亘萬古而無不同無或昧者也是故謂之明德其或蔽焉物欲也明之者去其物欲之蔽以全其本體之明焉耳非能有以增益之也曰何以在親民乎曰德不可以徒明也人之欲明其孝之德也則必親於其父而後孝之德明矣欲明其弟之德也則必親於其兄

而後弟之德明矣君臣也夫婦也朋友也皆然也故明明德必在於親民而親民乃所以明其明德也故曰一也曰親民以明其明德修身焉可矣而何家國天下之有乎曰人者天地之心也民者對己之稱也曰民焉則三才之道舉矣是故親吾之父以及人之父而天下之父子莫不親矣親吾之兄以及人之兄而天下之兄弟莫不親矣君臣也夫婦也朋友也推而至於鳥獸草木也而皆有以親之無非求盡吾心焉以自明其明德也是之謂明明德於天下是之謂家齊國治而天下平曰然則烏在其爲止至善者乎

昔之人固有欲明其明德矣然或失之虛罔空寂而無有乎家國天下之施者是不知明明德之在於親民而二氏之流是矣固有欲親其民者矣然或失之知謀權術而無有乎仁愛惻怛之誠者是不知親民之所以明其明德而五伯功利之徒是矣是皆不知止於至善之過也是故至善也者明德親民之極則也天命之性粹然至善其靈昭不昧者皆其至善之發見是乃明德之本體而所謂良知者也至善之發見是而是焉非而非焉固吾心天然自有之則而不容有所擬議加損於其間也有所擬議加損於其間

則是私意小智云而非至善之謂矣人惟不知至善之
在吾心而用其私智以求之於外是以昧其是非之
則至於横騖決裂人欲肆而天理亡明德親民之學
大亂於天下故止至善之於明德親民也猶之規矩
之於方圓也尺度之於長短也權衡之於輕重也方
圓而不止於規矩爽其度矣長短而不止於尺度乖
其制矣輕重而不止於權衡失其準矣明德親民而
不止於至善亡其則矣夫是之謂大人之學大人者
以天地萬物爲一體也夫然後能以天地萬物爲一
體元善喟然而嘆曰甚哉大人之學若是其易簡也

吾乃今知天地萬物之一體矣吾乃今知天下之爲一家中國之爲一人矣一夫不被其澤若已推而内諸溝中伊尹其先得我心之同然乎於是名其涖政之堂曰親民而曰吾以親民爲職者也吾務親吾之民以求明吾之明德也夫爰書其言于壁而爲之記

萬松書院記　乙酉

萬松書院在浙省南門外當湖山之間弘治初參政周君近仁因廢寺之址而改爲之廟貌規制略如學宫延孔氏之裔以奉祀事近年以來有司相繼緝理地益以勝然亦止爲遊觀之所而講誦之道未備也

嘉靖乙酉侍御潘君景哲奉　命來巡憲度丕肅文
風聿新既簡鄉闈收一省之賢而上之南宮矣又以
遺才之不能盡取爲憾思有以大成之乃增修書院
益廣樓居齋舍爲三十六楹具其器用置贍田若干
頃揭白鹿之規掄彥選俊肄習其間以倡列郡之士
而以屬之提學僉事萬君汝信汝信曰是固潮之責
也藩臬諸君咸賛厥成使知事嚴綱董其役知府陳
力推官陳篪董栢協經理閱月踰旬工訖事舉乃來
請言以紀其事惟我　皇明自國都至於郡邑咸建
廟學群士之秀專官列職而教育之其於學校之制

可謂詳且備矣而名區勝地往往復有書院之設何哉所以匡翼夫學校之不逮也夫三代之學皆所以明人倫今之學宮皆以明倫名堂則其所以立學者固未嘗非三代意也然自科舉之業盛士皆馳騖於記誦辭章而功利得喪分惑其心於是師之所教弟子之所學者遂不復知有明倫之意矣懷世道之憂者思挽而復之卒亦未知所措其力譬之兵事當玩弛偷惰之餘則必選將閲伍更其號令旌旗懸非格之賞以倡敢勇然後士氣可得而振也今書院之設固亦此類也歟士之來集於此者其必相與思之曰既

進我於學校矣而復優我於是何爲乎寧獨以精吾之舉業而已乎便吾之進取而已乎則學校之中未嘗不可以精吾之業而進取之心自吾所汲汲非有待於人之從而趨之也是必有進於是者矣是固期我以古聖賢之學也古聖賢之學明倫而已堯舜之相授受曰人心惟危道心惟微惟精惟一允執厥中斯明倫之矣道心也者率性之謂也人心則僞矣不雜於人僞率是道心而發之於用也以言其情則爲喜怒哀樂以言其事則爲中節之和爲三千三百經曲之禮以言其倫則爲父子之親君臣之義夫婦之

別長幼之序朋友之信而三才之道盡此矣舜使契爲司徒以教天下者教之以此也是固天下古今聖愚之所同具其或昧焉者物欲蔽之非其中之所有不備而假求之於外者也是固所謂不慮而知其良知也不學而能其良能也孩提之童無不知愛其親者也孔子之聖則曰所求乎子以事父未能也是明倫之學孩提之童亦無不能而及其至也雖聖人有所不能盡也人倫明於上小民親於下家齊國治而天下平矣是故明倫之外無學矣外此而學者謂之異端非此而論者謂之邪說假此而行者謂之伯術

飾此而言者謂之文辭背此而馳者謂之功利之
亂世之政雖今之舉業必自此而精之而後不愧於
敷奏明試雖今之仕進必由此而施之而後無忝於
行義達道斯固國家建學之初意諸君緝書院以興
多士之盛心也故爲多士誦之

稽山書院尊經閣記 乙酉

經常道也其在於天謂之命其賦於人謂之性其主
於身謂之心心也性也命也一也通人物達四海塞
天地亘古今無有乎弗具無有乎弗同無有乎或變
者也是常道也其應乎感也則爲惻隱爲羞惡爲辭

讓爲是非其見於事也則爲父子之親爲君臣之義爲夫婦之别爲長幼之序爲朋友之信是惻隱也羞惡也辭讓也是非也是親也義也序也别也信也一也皆所謂心也性也命也通人物達四海塞天地亘古今無有乎弗具無有乎弗同無有乎或變者也是常道也是常道也以言其陰陽消息之行焉則謂之易以言其紀綱政事之施焉則謂之書以言其歌詠性情之發焉則謂之詩以言其條理節文之著焉則謂之禮以言其欣喜和平之生焉則謂之樂以言其誠僞邪正之辯焉則謂之春秋是陰陽消息之行也

以至於誠僞邪正之辯也一也皆所謂心也性也命也通人物達四海塞天地亘古今無有乎弗具無有乎弗同無有乎或變者也夫是之謂六經六經者非他吾心之常道也故易也者志吾心之陰陽消息者也書也者志吾心之紀綱政事者也詩也者志吾心之歌詠性情者也禮也者志吾心之條理節文者也樂也者志吾心之欣喜和平者也春秋也者志吾心之誠僞邪正者也君子之於六經也求之吾心之陰陽消息而時行焉所以尊易也求之吾心之紀綱政事而時施焉所以尊書也求之吾心之歌詠性情而

時發焉所以尊詩也求之吾心之條理節文而時著焉所以尊禮也求之吾心之欣喜和平而時生焉所以尊樂也求之吾心之誠僞邪正而時辯焉所以尊春秋也蓋昔者聖人之扶人極憂後世而述六經也猶之富家者之父祖慮其產業庫藏之積其子孫者或至於遺忘散失卒困窮而無以自全也而記籍其家之所有以貽之使之世守其產業庫藏之積而享用焉以免於困窮之患故六經者吾心之記籍也而六經之實則具於吾心猶之產業庫藏之實積種種色色具存於其家其記籍者特名狀數目而已而世

之學者不知求六經之實於吾心而徒考索於影響之間牽制於文義之末硜硜然以爲是六經矣是猶富家之子孫不務守視享用其產業庫藏之實積日遺忘散失至爲窶人丐夫而猶囂囂然指其記籍曰斯吾產業庫藏之積也何以異於是嗚呼六經之學其不明於世非一朝一夕之故矣尚功利崇邪說是謂亂經習訓詁傳記誦沒溺於淺聞小見以塗天下之耳目是謂侮經侈淫辭競詭辯飾奸心盗行逐世壟斷而猶自以爲通經是謂賊經若是者是幷其所謂記籍者而割裂棄毀之矣寧復知所以爲尊經也

乎越城舊有稽山書院在卧龍西岡荒廢久矣郡守渭南南君大吉既敷政於民則慨然悼末學之支離將進之以聖賢之道於是使山陰令吴君瀛拓書院而一新之又爲尊經之閣於其後曰經正則庶民興庶民興斯無邪慝矣閣成請予一言以諗多士予既不獲辭則爲記之若是嗚呼世之學者得吾説而求諸其心焉其亦庶乎知所以爲尊經也矣

重修山陰縣學記 乙酉

山陰之學歲久彌敝教諭汪君瀚輩以謀於縣尹顧君鐸而一新之請所以詔士之言於予時予方在疚

辭未有以告也已而顧君入爲秋官郎洛陽吳君瀛來代復增其所未備而申前之請昔予官留都因京兆之請記其學而嘗有說矣其大意以爲　朝廷之所以養士者不專於舉業而實望之以聖賢之學今殿廡堂舍拓而輯之餼廩條教具而察之者是有司之修學也求天下之廣居安宅者而修諸其身焉此爲師爲弟子者之修學也其時聞者皆惕然有省然於凡所以爲學之說則猶未之及詳今請爲吾越之士一言之夫聖人之學心學也學以求盡其心而已堯舜禹之相授受曰人心惟危道心惟微惟精惟一

允執厥中道心者率性之謂而未雜於人無聲無臭至微而顯誠之源也人心則雜於人而危矣僞之端矣見孺子之入井而惻隱率性之道也從而內交於其父母焉要譽於鄉黨焉則人心矣饑而食渴而飲率性之道也從而極滋味之美焉恣口腹之饕焉則人心矣惟一者一於道心也惟精者慮道心之不一而或二之以人心也道無不中一於道心而不息是謂允執厥中矣一於道心則存之無不中而發之無不和是故率是道心而發之於父子也無不親發之於君臣也無不義發之於夫婦長幼朋友也無不別

無不序無不信是謂中節之和天下之達道也故四海而皆準亘古今而不窮天下之人同此心同此性同此達道也舜使契爲司徒而敎以人倫敎之以此達道也當是之時人皆君子而比屋可封蓋敎者惟以是爲敎而學者惟以是爲學也聖人旣沒心學晦而人僞行功利訓詁記誦辭章之徒紛沓而起支離決裂歲盛月新相沿相襲各是其非人心日熾而不復知有道心之微間有覺其紕繆而略知反本求源者則又鬨然指爲禪學而群訾之嗚呼心學何由而復明乎夫禪之學與聖人之學皆求盡其心也亦相

去毫釐耳聖人之求盡其心也以天地萬物爲一體也吾之父子親矣而天下有未親者焉吾心未盡也吾之君臣義矣而天下有未義者焉吾心未盡也吾之夫婦別矣長幼序矣朋友信矣而天下有未別未序未信者焉吾心未盡也吾之一家飽暖逸樂矣而天下有未飽暖逸樂者焉其能以親乎義乎別序信乎吾心未盡也故於事有紀綱政事之設焉有禮樂教化之施焉凡以裁成輔相成己成物而求盡吾心焉耳心盡而家以齊國以治天下以平故聖人之學不出乎盡心禪之學非不以心爲說然其意以爲是

達道也者固吾之心也吾惟不昧吾心於其中則亦已矣而亦豈必屑屑於其外其外有未當也則亦豈必屑屑於其中斯亦其所謂盡心者矣而不知已陷於自私自利之偏是以外人倫遺事物以之獨善或能之而要之不可以治家國天下蓋聖人之學無人已無内外一天地萬物以爲心而禪之學起於自私自利而未免於内外之分斯其以爲異也今之爲心性之學者而果外人倫遺事物則誠所謂禪矣使其未嘗外人倫遺事物而專以存心養性爲事則固聖門精一之學也而可謂之禪乎哉世之學者承沿其

舉業詞章之習以荒穢戕伐其心既與聖人盡心之學相背而馳日騖日遠莫知其所抵極矣有以心性之說而招之來歸者則顧駭以爲禪而反仇讎視之不亦大可哀乎夫不自知其爲非而以非人者是舊習之爲蔽而未可遽以爲罪也有知其非者矣藐然視人之非而不以告人者自私者也既告之矣既知之矣而猶寘然不以自反者自棄者也吾越多豪傑之士其特然無所待而興者爲不少矣而亦容有蔽於舊習者乎故吾因諸君之請而特爲一言之嗚呼吾豈特爲吾越之士一言之而已乎

梁仲用默齋說 辛未

仲用識高而氣豪既擧進士銳然有志天下之務一日責其志曰於乎予乃太早烏有已之弗治而能治人者於是專心爲己之學深思其氣質之偏而病其言之易也以默名菴過予而請其方予亦天下之多言人也豈足以知默之道然予嘗自驗之氣浮則多言志輕則多言氣浮者耀於外志輕者放其中予請誦古之訓而仲用自取之夫默有四僞疑而不知問蔽而不知辯冥然以自罔謂之默之愚以不言餂人者謂之默之狡慮人之覘其長短也掩覆以爲默謂

之默之誣深爲之情厚爲之貌淵毒阱很自訑於默以售其奸者謂之默之賊夫是之謂四僞又有入誠焉孔子曰君子恥其言而過其行古者言之不出恥躬之不逮也故誠知恥而後知默又曰君子欲訥於言而敏於行夫誠敏於行而後欲默矣仁者言也訒非以爲默而默存焉又曰默而識之是故必有所識也終日不違如愚者也默而成之是故必有所成也退而省其私亦足以發者也故善默者莫如顏子闇然而日章默之積也不言而信而默之道成矣天何言哉四時行焉萬物生焉而默之道至矣非聖人其

孰能與於此哉夫是之謂八誠仲用盍亦知所以自取之

示弟立志說　乙亥

予弟守文來學告之以立志守文因請次第其語使得時時觀省且請淺近其辭則易於通曉也因書以與之

夫學莫先於立志志之不立猶不種其根而徒事培擁灌溉勞苦無成矣世之所以因循苟且隨俗習非而卒歸於汚下者凡以志之弗立也故程子曰有求為聖人之志然後可與共學人苟誠有求為聖人之

志則必思聖人之所以爲聖人者安在非以其心之純乎天理而無人欲之私歟聖人之所以爲聖人惟以其心之純乎天理而無人欲則我之欲爲聖人亦惟在於此心之純乎天理而無人欲耳欲此心之純乎天理而無人欲則必去人欲而存天理務去人欲而存天理則必求所以去人欲而存天理之方求所以去人欲而存天理之方則必正諸先覺考諸古訓而凡所謂學問之功者然後可得而講而亦有所不容已矣夫所謂正諸先覺者既以其人爲先覺而師之矣則當專心致志惟先覺之爲聽言有不合不得

棄置必從而思之思之不得又從而辯之務求了釋不敢輒生疑惑故記曰師嚴然後道尊道尊然後民知敬學苟無尊崇篤信之心則必有輕忽漫易之意言之而聽之不審猶不聽也聽之而思之不慎猶不思也是則雖曰師之猶不師也

夫所謂考諸古訓者聖賢垂訓莫非教人去人欲而存天理之方若五經四書是已吾惟欲去吾之人欲存吾之天理而不得其方是以求之於此則其展卷之際眞如饑者之於食求飽而已病者之於藥求愈而已瞽者之於燈求照而已跛者之於杖求行而已

曾有徒事記誦講説以資口耳之弊哉

夫立志亦不易矣孔子聖人也猶曰吾十有五而志于學三十而立立者立志也雖至於不踰矩亦志之不踰矩也志豈可易而視哉夫志氣之帥也人之命也木之根也水之源也源不濬則流息根不植則木枯命不續則人死志不立則氣昏是以君子之學無時無處而不以立志爲事正目而視之無他見也傾耳而聽之無他聞也如猫捕鼠如鷄覆卵精神心思凝聚融結而不復知有其他然後此志常立神氣精明義理昭著一有私欲即便知覺自然容住不得矣

故凡一毫私欲之萌只責此志不立即私欲便退聽
一毫客氣之動只責此志不立即客氣便消除或怠
心生責此志即不怠忽心生責此志即不忽懆心生
責此志即不懆妬心生責此志即不妬忿心生責此
志即不忿貪心生責此志即不貪傲心生責此志即
不傲吝心生責此志即不吝蓋無一息而非立志責
志之時無一事而非立志責志之地故責志之功其
於去人欲有如烈火之燎毛太陽一出而魍魎潛消
也自古聖賢因時立教雖若不同其用功大指無或
少異書謂惟精惟一易謂敬以直內義以方外孔子

謂格致誠正博文約禮曾子謂忠恕子思謂尊德性而道問學孟子謂集義養氣求其放心雖若人自爲說有不可強同者而求其要領歸宿合若符契何者夫道一而已道同則心同心同則學同其卒不同者皆邪說也後世大患尤在無志故今以立志爲說中間字字句句莫非立志蓋終身問學之功只是立得志而已若以是說而合精一則字字句句皆精一之功以是說而合敬義則字字句句皆敬義之功其諸格致博約忠恕等說無不脗合但能實心體之然後信予言之非妄也

約齋說　甲戌

滁陽劉生韶既學於陽明子，乃自悔其平日所嘗致力者，泛濫而無功，瑣雜而不得其要也。思得夫簡易可久之道而固守之，乃以約齋自號，求所以爲約之說於予。予曰：子欲其約，乃所以爲煩也。其惟循理乎！理一而已，人欲則有萬其殊。是故一則約，萬則煩矣。雖然，理亦萬殊也，何以求其一乎？理雖萬殊而皆具於吾心，心固一也，吾惟求諸吾心而已。求諸心而皆出乎天理之公焉，斯其行之簡易，所以爲約也已。彼其膠於人欲之私，則利害相攻，毁譽相制，得失相形，榮辱相纏，是非相傾，顧瞻牽滯，紛紜舛戾，吾見其煩且難也。然而世之知約者鮮矣。孟子曰：「學問之道無他，求其放心而已。」其知所以爲約之道歟！吾子勉之，吾言則亦以煩。

見齋說 乙亥

辰陽劉觀時學於潘子，既有見矣，復學於陽明子。嘗自言曰：「吾名觀時，觀必有所見，而吾猶懵懵無睹也。」扁其居曰見齋，以自勵。問於陽明子曰：「道有可見乎？」曰：「有，有而未嘗有也。」曰：「然則無可見乎？」曰：「無，無而未嘗無也。」曰：「然則何以爲見乎？」曰：「見而未嘗見也。」觀時曰弟子之惑滋甚矣夫子則明言之以教我乎陽明子曰道不可言也雖爲之言而益晦道無可見也妄爲之見而益遠夫有而未嘗有是眞有也無而未嘗無是眞無也見而未嘗見是眞見也子未觀於天乎謂天爲無可見則蒼蒼耳昭昭耳日月之代明四時之錯行未嘗無也謂天爲可見則即之而無所指之而無定執之而無得未嘗有也夫天道也道天也風可捉也影可拾也道可見也曰然則吾終無所見乎古之人則亦終無所見乎曰神無方而道無體仁者見之謂之仁知者見之謂之知是有方體者也見之

而未盡者也顔子則如有所立卓爾夫謂之如則非有也謂之有則非無也是故雖欲從之末由也巳故夫顔氏之子爲庶幾也文王望道而未之見斯眞見也巳曰然則吾何所用心乎曰淪於無者無所用其心者也蕩而無歸滯於有者用其心於無用者也勞而無功夫有無之間見與不見之妙非可以言求也而子顧切切焉吾又從而强言其不可見是以瞽道瞽也夫言飲者不可以爲醉見食者不可以爲飽子求其醉飽則盍飲食之子求其見也其惟人之所不見乎夫亦戒慎乎其所不睹也巳斯眞睹也巳斯求

見之道也已

矯亭說　乙亥

君子之行順乎理而已無所事乎矯然有氣質之偏焉偏於柔者矯之以剛然或失則傲偏於慈者矯之以毅然或失則刻偏於奢者矯之以儉然或失則陋凡矯而無節則過過則復爲偏故君子之論學也不曰矯而曰克克以勝其私私勝而理復無過不及矣矯猶未免於意必也意必亦私也故克己則矯不必言矯者未必能盡於克己之道也雖然矯而當其可亦克己之道矣行其克己之實而矯以名焉何傷乎

古之君子也其取名也廉後之君子實未至而名先之故不曰克而曰矯亦矯世之意也方君時舉以矯名亭請予爲之說

謹齋說　乙亥

君子之學心學也心性也性天也聖人之心純乎天理故無俟於學下是則心有不存而汨其性喪其天矣故必學以存其心學以存其心者何求諸其心而已矣求諸其心何爲哉謹守其心而已矣博學也審問也慎思也明辯也篤行也皆謹守其心之功也謹守其心者無聲之中而常若聞焉無形之中而

常若睹焉故傾耳而聽之惟恐其或繆也注目而視之惟恐其或遯也是故至微而顯至隱而見善惡之萌而纖毫莫遁由其能謹也謹則存存則明明則其察之也精其存之也一昧焉而弗知過焉而弗覺弗之謹也已故謹守其心於其善之萌焉若食之充飽也若抱赤子而履春冰惟恐其或陷也若捧萬金之璧而臨千仞之崖惟恐其或墜也其不善之萌焉若鴆毒之投於羹也若虎蛇橫集而思所以避之也若盜賊之侵陵而思所以勝之也古之君子所以凝至道而成盛德未有不由於斯者雖堯舜文王之聖然

且兢兢業業，而況於學者乎？後之言學者舍心而外求，是以支離决裂，愈難而愈遠，吾甚悲焉。吾友侍御楊景瑞以謹名其齋，其知所以爲學之要矣。景瑞嘗遊白沙陳先生之門，歸而求之，自以爲有見，又二十年而忽若有得，然後知其向之所見猶未也。一旦告病而歸，將從事焉，必底於成而後出。君之篤志若此，其進於道也孰禦乎！君遣其子思元從予學，亦將別予以歸，因論君之所以名齋之義，以告思元，而遂以爲君贈。

夜氣說　乙亥

天澤每過輒與之論夜氣之訓津津旣有所興起至是告歸請益復謂之曰氣夜之息由於旦晝所養苟梏亡之反復則亦不足以存矣今夫師友之相聚於茲也切磋於道義而砥礪乎德業漸而入焉反而媿焉雖有非僻之萌其所滋也亦已罕矣迨其離群索居情可得肆而莫之警也欲可得縱而莫之泥也物交引焉志交喪焉雖有理義之萌其所滋也亦罕矣故曰苟得其養無物不長苟失其養無物不消夫人亦孰無理義之心乎然而不得其養者多矣是以若是其寥寥寥也天澤勉之

修道說 庚寅

率性之謂道誠者也修道之謂教誠之者也故曰自誠明謂之性自明誠謂之教中庸爲誠之者而作修道之事也道也者性也不可須臾離也而過焉不及焉離也是故君子有修道之功戒愼乎其所不睹恐懼乎其所不聞微之顯誠之不可揜也修道之功若是其無間誠之也夫然後喜怒哀樂之未發謂之中發而皆中節謂之和道修而性復矣致中和則大本立而達道行知天地之化育矣非至誠盡性其孰能與於此哉是修道之極功也而世之言修道者離矣

故特著其說

自得齋說　甲申

孟子云君子深造之以道欲其自得之也自得之則居之安居之安則資之深資之深則取之左右逢其原故君子欲其自得之也夫率性之謂道道吾性也性吾生也而何事於外求世之學者業辭章習訓詁工技藝探賾而索隱弊精極力勤苦終身非無所謂深造之者然亦辭章而已耳訓詁而已耳技藝而已耳非所以深造於道也則亦外物而已耳寧有所謂自得逢原者哉古之君子戒慎不睹恐懼不聞致其

良知而不敢須臾或離者斯所以深造乎是矣是以大本立而達道行天地以位萬物以育於左右逢原乎何有黃勉之省曾氏以自得名齋蓋有志於道者請學於予而蘄爲之說予不能有出於孟氏之言也爲之書孟氏之言嘉靖甲申六月朔陽明山人王某書

博約說　乙酉

南元眞之學於陽明子也聞致知之說而恍若有見矣既而疑於博約先後之訓復來請曰致良知以格物格物以致其良知也則既聞教矣敢問先博我以

文而後約我以禮也則先儒之説得無亦有所不同歟陽明子曰理一而已矣心一而已矣故聖人無二教而學者無二學博文以約禮格物以致其良知一也故先後之説後儒支繆之見也夫禮也者天理也天命之性具于吾心其渾然全體之中而條理節目森然畢具是故謂之天理天理之條理謂之禮是禮也其發見於外則有五常百行酬酢變化語默動靜升降周旋隆殺厚薄之屬宣之於言而成章措之於爲而成行書之於冊而成訓炳然蔚然其條理節目之繁至於不可窮詰是皆所謂文也是文也者禮之

見於外者也禮也者文之存於中者也文顯而可見之禮也禮微而難見之文也是所謂體用一源而顯微無間者也是故君子之學也於酬酢變化語默動靜之間而求盡其條理節目焉非他也求盡吾心之天理焉耳矣於升降周旋隆殺厚薄之間而求盡其條理節目焉非他也求盡吾心之天理焉耳矣求盡其條理節目焉者博文也求盡吾心之天理焉者約禮也文散于事而萬殊者也故曰博禮根於心而一本者也故曰約博文而非約之以禮則其文為虛文而後世功利辭章之學矣約禮而非博學於文則其

禮爲虛禮而佛老空寂之學矣是故約禮必在乎博文而博文乃所以約禮二之而分先後焉者是聖學之不明而功利異端之說亂之也昔者顏子之始學於夫子也蓋亦未知道之無方體形像也而以爲有方體形像也未知道之無窮盡止極也而以爲有窮盡止極也是猶後儒之見事事物物皆有定理者也是以求之仰鑽瞻忽之間而莫得其所謂及聞夫子博約之訓旣竭吾才以求之然後知天下之事雖千變萬化而皆不出於此心之一理然後知殊途而同歸百慮而一致然後知斯道之本無方體形像而不

可以方體形像求之也本無窮盡止極而不可以窮盡止極求之也故曰雖欲從之末由也已蓋顔子至是而始有眞實之見矣博文以約禮格物以致其良知也亦寧有二學乎哉

惜陰說　丙戌

同志之在安成者間月爲會五日謂之惜陰其志篤矣然五日之外孰非惜陰時乎離群而索居志不能無少懈故五日之會所以相稽切焉耳嗚呼天道之運無一息之或停吾心良知之運亦無一息之或停良知卽天道謂之亦則猶二之矣知良知之運無一

息之或停者則知惜陰矣知惜陰者則知致其良知矣子在川上曰逝者如斯夫不舍晝夜此其所以學如不及至於發憤忘食也堯舜兢兢業業成湯日新又新文王純亦不已周公坐以待旦惜陰之功寧獨大禹爲然子思曰戒愼乎其所不睹恐懼乎其所不聞知微之顯可以入德矣或曰雞鳴而起孳孳爲利凶人爲不善亦惟日不足然則小人亦可謂之惜陰乎

南岡說　丙戌

浙大參朱君應周居蕭之壺公山下應周之名曰鳴

陽蓋取詩所謂鳳皇鳴矣于彼朝陽之義也莆人之言曰應周則誠吾莆之鳳矣其居青瑣進讜言而天下想望其風采則誠若鳳之鳴於朝陽者矣夫鳳之栖必有高岡則壺公者固其所從而栖鳴也於是號壺公曰南岡蓋亦取詩所謂鳳皇鳴矣于彼高岡之義也應周聞之曰噫因予名而擬之以鳳焉其名也人固非鳳也因壺公而號之以南岡焉其實也固亦岡也吾方媿其名之虛而思以求其號之實也因以南岡而自號大夫鄉士爲之詩歌序記以咏嘆揄揚其美者既已連篇累牘而應周猶若未足勸勸焉以

蘄於予必欲更爲之一言是其心殆不以贊譽稱頌之爲喜而以樂聞規切砥礪之爲益也吾何以答應虖之意乎姑請就南岡而與之論學夫天地之道誠焉而已耳聖人之學誠焉而已耳誠故不息故久故徵故悠遠故博厚是故天惟誠也故常淸地惟誠也故常寧日月惟誠也故常明今夫南岡亦拳石之積耳而其廣大悠久至與天地而無疆焉非誠而能若是乎故觀夫南岡之厓石則誠厓石爾矣觀夫南岡之溪谷則誠溪谷爾矣觀夫南岡之峰巒巖壑則誠峰巒巖壑爾矣是皆實理之誠然而非有所虛假文

飾以僞爲於其間是故草木生焉禽獸居焉寶藏興焉四時之推敘寒暑晦明烟嵐霜雪之變態而南岡若無所與焉鳳凰鳴焉而南岡不自以爲瑞也虎豹藏焉而南岡不自以爲威也養生送死者資焉而南岡不自以爲德雲霧興焉而見光怪而南岡不自以爲靈是何也誠之無所爲也誠之不容已也誠之不可掩也君子之學亦何以異於是是故以事其親則誠孝爾矣以事其兄則誠弟爾矣以事其君則誠忠爾矣以交其友則誠信爾矣是故蘊之爲德行矣措之爲事業矣發之爲文章矣是故言而民莫不信矣

行而民莫不悦矣動而民莫不化矣是何也一誠之所發而非可以聲音笑貌幸而致之也故曰誠者天之道也思誠者人之道也應周之有取於南岡而將以求其實者殆亦無出於斯道也矣果若是則如應周豈非思誠之君子歟夫思誠之功精矣微矣應周蓋已知之真而得之純矣異時來過稽山之麓尚能爲我一言其詳乎

陽明先生文録卷之六

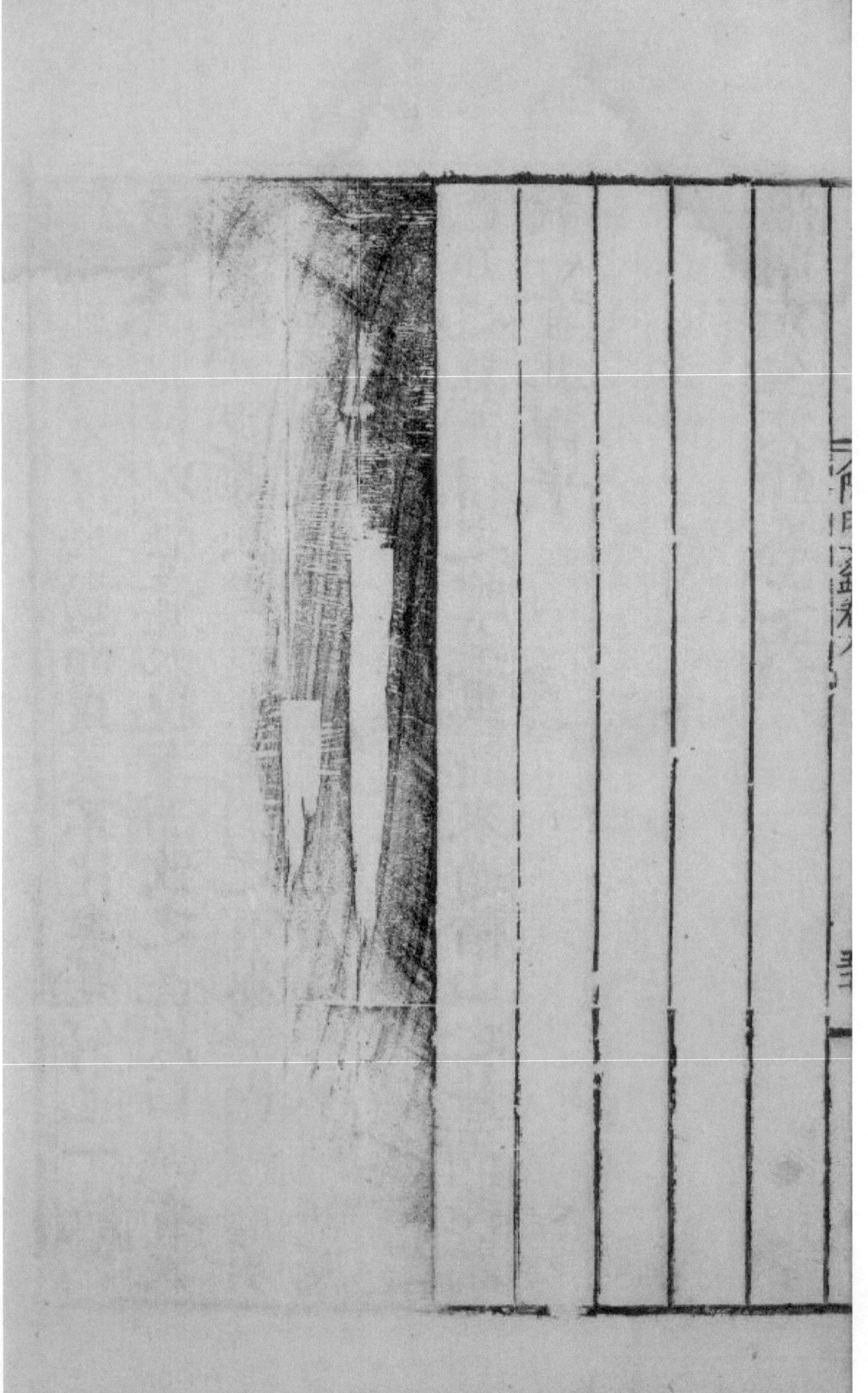

陽明先生文録卷之七

記

興國守胡孟登生像記　壬戌

弘治十年胡公孟登以地官副郎謫二興國越三年擢知州事公既久於其治乃奸鋤利植而民以大和又明年壬戌擢淛江按察司僉事以去民既留公不可則相率祀公之像以報公德而學官之左有疊山祠以祀宋臣謝枋得者舊矣其士曰合祀公像於是

嗚呼吾州違胡元之亂以入於　皇朝雖文風稍振而陋習未除士之登名科甲以顯於四方者相望如

晨天之星數不能以一二蓋至于今遂茫然絶響者凡幾科矣自公之來斬山斥地以恢學宫洗垢摩鈍以新士習然後人知敦禮與樂而文采蔚然於湖湘之間薦於鄉者一歲而三人蓋夫子之道大明於輿國實自公始公之德惠固無庸言而化民成俗於是爲大祀公於此其宜哉民曰不可其爲公別立一廟公之未來也吾民外苦於盜賊内殘於苛政濵湖之民死於漁課者數千餘家自公之至而盜不敢履輿國之界民違猛虎魚鱉之患而始釋戈而安寢歌呼相慰以嬉於里巷公之惠澤吾獨不能出諸口耳嗚

呼公有大造於吾民乃不能别立一廟而使並食於謝公於吾心有未足也士曰不然公與謝公皆以遷謫而至吾州謝公以文章節義爲宋忠臣而公之氣槩風聲實相輝映祀公於此所以見公之庇吾民者不獨以其政事而吾民之所以懷公於不忘者又有在於長養恩恤之外也其於尊嚴崇重不滋爲大乎於是其民相顧喜曰果如是吾亦無所憾矣然其誰紀諸石以傳之士曰公之經歷四方也久矣四方之人其聞公之賢亦既有年矣然而屢遭讒嫉而未暢厥猷意亦知公之深者難也公嘗令於餘姚以吾人

之知公則其人宜於公爲悉乃走幣數千里而來請於某且告之故某曰是姚人之願不獨與國也公之去吾姚已二十餘年民之思公如其始去每有自公而來者必相與環聚問公之起居飲食及其履歷之險夷丰采狀貌鬚髮之蒼白與否退則相傳告以爲欣戚以吾姚之思公知與國之爲是舉亦其情之有不得已也然公之始去吾姚旣嘗有去思之碑以紀公德今不可以重複其說而與國之績吾雖聞之甚詳然於其民爲遠雖極意揄揚之恐亦未足以當其心也姑述其議記之辭而詩以系之公諱瀛河南之

羅山人有文武長才而方嚮於用詩曰於維胡公允毅孔直惟直不撓以來輿國惟此輿國實荒有年自公之來闢[illegible]田寇乘于垣死課于澤公曰吁嗟茲惟予適勸爾桑禾謹爾室家歲豐時和民謡以歌乃築泮宮教以禮讓弦誦詩書溢于里巷庶民諄諄庶士彬彬公亦欣欣曰惟家人維公我父維公我母自公之去奪我恃怙維公之政不專於賞雨暘維若時其燠寒維公文武亦周于藝射御工力展也不器我拜公像從我父兄率我子弟集于泮宮父兄相謂毋爾敢望天子用公訓于四方

新建預備倉記 癸亥

倉廪以儲國用而民之不給亦於是乎取故三代之時上之人不必其盡輸之官府下之人不必其盡藏於私室後世若常平義倉蓋猶有所以爲民者而先王之意亦既衰矣及其大弊而倉廪之蓄遂邈然與民無復相關其遇凶荒水旱民雖莩相枕籍苟上無賑貸之令雖良有司亦坐守鍵閉不敢發升合以拯其下民之視其官廪如仇人之壘無以事其刃爲也嗚呼倉廪之設豈固如是也哉紹興之倉自如坻大有之屬凡三四區中所積亦不下數十萬然而民之

饑餒稍不稔即無免焉歲癸亥春融風日作星火宵
隕太守佟公曰是旱徵也不可以無備既命民間積
穀謹藏則復鳩工度地得舊大積庫地於郡治之東
而建以為預備倉於是四月不雨至於八月農工大
壞比室罄懸民陸走數百里轉嘉湖之粟以自療市
火間作貿遷無所居公帥僚吏遍禱於山川社稷迺
八月巳酉大雨洽旬禾槁復穎民始有十一之望漸
用蘇息公曰嗚呼予所建今茲之旱雖誠無補於後
患其將有裨迺益遂厥營九月丁卯工畢凡為廩三
面廿有六楹約受穀十萬幾千斛前為廳事以司出

納而以其無事時則凡賓客部使之往來而無所寓者又皆可以館之於是極南阻民居限以高垣東折爲門出之大衢並門爲屋廿有八楹自南亘北以居商旅之貿遷者而月取其值以實廩粟又於其間區畫而綜理之蓋積三歲而可以有一年之備矣二守錢君謂其僚曰公之是舉其惠於民豈有窮乎夫後之民食公之德而弗知其所自是吾儕無以贊公於今日而又以泯其績於後也於是相率來屬某以記某曰唯唯夫憫災而恤患庇民之仁也未患而預防先事之知也已患而不怠臨事之勇也創令以圖後

敷德之誠也行一事而四美備焉是烏可以無紀也乎某雖不文也願與執筆而從事

平山書院記　癸亥

平山在酆陵之北三里今杭郡守楊君溫甫蚤歲嘗讀書其下酆人之舉進士者自溫甫之父僉憲公始而溫甫承之溫甫既貴建以爲書院冀使吾鄉之秀與吾楊氏之子弟誦讀其間翹翹焉相繼而興以無亡吾先君之澤於是其鄉多文士而溫甫之子晋復學成有器識將紹溫甫而起蓋書院爲有功焉溫甫始爲秋官郎予時實爲僚佐相懷甚得[illegible]溫甫時時

爲予言平山之勝聳秀奇特比於峨嵋[illegible]之巖厲壁削若無所容而其上乃寛衍平博有老[illegible]宫焉殿閣魁傑偉麗聞於天下俯覽大江煙雲杳靄暇輒從朋儕往遊其間鳴湍絶壑拂雲千仞之木[illegible]翳虧蔽書院當其麓其高可以眺其邃可以隱其芳可以采其清可以濯其幽可以棲吾因而望之以含遠之樓蟄之以寒香之塢揭之以秋芳之亭澄之以洗月之池息之以棲雲之窩四時交變風雪晦暝之朝花月澄芬之夕光景起忽千態萬狀而吾誦讀於其間蓋冥然與世相忘若將終身焉而不知其他也今吾汨沒

於簿書案牘思平山之勝而庶幾夢寐焉何可得耶既而某以病告歸陽明温甫尋亦出守杭郡錢塘波濤之洶怪西湖山水之秀麗天下之言名勝者無過焉噫温甫之居是地當無憾於平山耳矣今年與温甫相見於杭而亹亹於平山者猶昔也吁亦異矣豈其沉溺於兹山果有不能忘情也哉温甫好學不倦其爲文章追古人而並之方其讀書於平山也優悠自得固將發爲事業以顯於世及其施諸政事沛然有餘矣則又益思致力於問學而其間又自有不暇者則其眷戀於兹山也有以哉温甫既已成已則不

能忘於成物而建爲書院以倡其鄉人處行義之時則不能忘其隱居之地而拳拳於求其志者無窮巳也古人有言成巳仁也成物知也温甫其仁且知者歟又曰隱居以求其志行義以達其道吾聞其語矣未見其人也温甫殆其人也非歟温甫屬予記予未嘗一至平山而平山巖巖之氣象嶄然壁立而不可犯者固可想而知其不異於温甫之爲人也以温甫之語予者記之

何陋軒記　戊辰

昔孔子欲居九夷人以爲陋孔子曰君子居之何陋

之有守仁以罪謫龍場龍場古夷蔡之外於今爲要綏而習類尚因其故人皆以予自上國往將陋其地弗能居也而予處之旬月安而樂之求其所謂甚陋者而莫得獨其結題鳥言山棲羝服無軒裳宮室之觀文儀揖讓之縟然此猶淳龐質素之遺焉蓋古之時法制未備則有然矣不得以爲陋也夫愛憎面背亂白黝浚奸窮黠外良而中螫諸夏蓋不免焉若是而彬郁其容宋甫魯掖折旋矩矱將無爲陋乎夷之人適不能此其好言惡詈直情率遂則有矣世徒以其言辭物采之眇而陋之吾不謂然也始予至無室

以止萎於叢棘之間則鬱也遷於東峰就石穴而居之又陰以濕龍場之民老稚日來視予喜不予陋益孚比予嘗圃於叢棘之右民謂予之樂之也相與伐木閣之材就其地爲軒以居予予因而翳之以檜竹蒔之以卉藥列堂階辯室奥琴編圖史講誦遊適之道畧具學士之來遊者亦稍稍而集於是人之及書軒者若觀於通都焉而予亦忘予之居夷也因軒之曰何陋以信孔子之言嗟夫諸夏之盛其典章禮樂歷聖修而傳之夷不能有也則謂之陋固宜於後蔑道德而專法令搜抉鉤縶之術窮而狡匿譎詐無所

不至渾朴盡矣夷之民方若未琢之璞未繩之木雖粗礪頑梗而椎斧尚有施也安可以陋之斯孔子所爲欲居也歟雖然典章文物則亦胡可以無講今夷之俗崇巫而事鬼瀆禮而任情不中不節卒未免於陋之名則亦不講於是耳然此無損於其質也誠有君子而居焉其化之也蓋易而予非其人也記之以俟來者

君子亭記 戊辰

陽明子既爲何陋軒復因軒之前營架楹爲亭環植以竹而名之曰君子曰竹有君子之道四焉中虛而

靜通而有間，有君子之德；外堅而直，貫四時而柯葉無所改，有君子之操；應蟄而出，遇伏而隱，雨雪晦明無所不宜，有君子之時；清風時至，玉聲珊然，中采齊而協肆夏，揖遜俯仰，若洙泗群賢之交集；風止籟靜，挺然特立，不撓不屈，若虞廷群后端冕正笏而列於堂陛之側，有君子之容。竹有是四者，而以君子名，不愧於其名。吾亭有竹焉，而因以竹名，名不愧於吾亭。門人曰：夫子蓋自道也。吾見夫子之居是亭也，持敬以直內，靜虛而若愚，非君子之德乎？遇屯而不懾，處困而能亨，非君子之操乎？昔也行於朝，今也行於夷險應物而能當雖守方而弗拘非君子之時乎其交翼翼其處雍雍意適而匪懈氣和而能恭非君子之容乎夫子蓋嫌於自名也而假之竹雖然亦有所不容隱也夫子之名其軒曰何陋則固以自居矣陽明子曰嘻小子之言過矣而又弗及夫是四者何有於我哉抑學而未能則可云爾耳昔者夫子不云乎汝爲君子儒無爲小人儒吾之名亭也則以竹也人而嫌以君子自名也將爲小人之歸矣而可乎小子識之

遠俗亭記 戊辰

憲副毛公應奎名其退食之所曰遠俗陽明子爲之

記曰俗習與古道爲消長塵囂溷濁之旣遠則必高明清曠之是宅矣此遠俗之所由名也然公以提學爲職又兼理夫獄訟軍賦則彼舉業辭章俗儒之學也簿書期會俗吏之務也二者公皆不免焉舍所事而曰吾以遠俗俗未遠而曠官之責近矣君子之行也不遠於微近纖曲而盛德存焉廣業著焉是故誦其詩讀其書求古聖賢之心以蓄其德而達諸用則不遠於舉業詞章而可以得古人之學是遠俗也已公以處之明以決之寬以居之恕以行之則不遠於簿書期會而可以得古人之政是遠俗也已苟其心

之氓鄙猥瑣而徒閒散跌放之是托以爲遠俗莫如遠俗何哉昔人有言事之無害於義者從俗可也君子豈輕於絶俗哉然必曰無害於義則其從之也爲不苟矣是故苟同於俗以爲通者固非君子之行必遠於俗以求異者尤非君子之心

象祠記 戊辰

靈博之山有象祠焉其下諸苗夷之居者咸神而事之宣慰安君因諸苗夷之請新其祠屋而請記於予予曰毁之乎其新之也曰新之也何居乎曰斯祠之肇也蓋莫知其原然吾諸蠻夷之居是者自吾

父吾祖邇曾高而上皆尊奉而禋祀焉舉之而不敢廢也予曰胡然乎有鼻之祠唐之人蓋嘗毀之象之道以爲子則不孝以爲弟則傲斥於唐而猶存於今毀於有鼻而猶盛於兹土也胡然乎我知之矣君子之愛若人也推及於其屋之烏而况於聖人之弟乎哉然則祀者爲舜非爲象也意象之死其在干羽既格之後乎不然古之驁桀者豈少哉而象之祠獨延於世吾於是益有以見舜德之至入人之深而流澤之遠且久也象之不仁蓋其始焉爾又烏知其終之不見化於舜也書不云乎克諧以孝烝烝乂不格姦

瞽瞍亦允若則已化而爲慈父象猶不弟不可以爲諸進治於善則不至於惡不抵於姦則必入於善信乎象蓋已化於舜矣孟子曰天子使吏治其國象不得以有爲也斯蓋舜愛象之深而慮之詳所以扶持輔導之者之周也不然周公之聖而管蔡不免焉斯可以見象之既化於舜故能任賢使能而安於其位澤加於其民既死而人懷之也諸侯之卿命於天子蓋周官之制其殆倣於舜之封象歟吾於是蓋有以信人性之善天下無不可化之人也然則唐人之毀之也據象之始也今之諸夷之奉之也承象之終也

斯義也吾將以表於世使知人之不善雖若象焉猶可以改而君子之修德及其至也雖若象之不仁而猶可以化之也

卧馬塜記　戊辰

卧馬塜在宣府城西北十餘里有山隆然來自滄茫若湧若滀若奔若伏布爲層裀攤爲覆釜漫衍陂陁環抱涵逈中凝外完内鈌門若合流泓洄高岸屛塞限以重河敷爲廣野桑乾燕尾遠泛近拖今都憲懷來王公實葬厥考大卿於是方公之卜兆也禱於大卿然後出從事屢如未迪未廼來兹顧瞻徘徊心契

神得將歸而加諸卜㕣視公馬眷然跽卧噴〻嗅〻盤旋繾綣嘶秣若故以啓公之意者公曰嗚呼其弗歸卜先公則既命於此矣就其地窆焉厥土五色厥石四周融潤煦洳面勢還拱既葬弗震弗崩安靖妥謐植樹蔥蔚庶草芬茂禽鳥哺集風氣凝毓産祥萃休祉福駢降鄉人謂公孝感所致相與名其封曰卧馬以志厥祥從而歌之士大夫之聞者又從而和之正德戊辰守仁謫貴陽見公於巡撫臺下出聞是於公之鄉人客有在坐者曰公其休服於無疆哉昔在士行牛眠協兆峻陟三公公茲實類於是守仁曰此非公

意也公其慎厥終惟安親是圖以庶幾無憾焉耳已
豈以徼福於躬利其嗣人也哉雖然仁人孝子則天
無弗比無弗佑匪自外得也親安而誠信竭心斯安
矣心安則氣和和氣致祥其多受祉福以流衍於無
盡固理也哉他日見於公以鄉人之言問焉公曰信
以守仁之言正焉公曰嗚呼是吾之心也子知之其
遂志之以訓於我子孫毋替我先公之德

賓陽堂記　戊辰

傳之堂東向曰賓陽取堯典寅賓出日之義志向也
賓日義之職而傳冒焉傳職賓賓義以賓賓之寅而

賓曰傳以賓曰之寅而賓賓也不曰日乃暘之屬爲日爲元爲善爲吉爲亨治其於人也爲君子其義廣矣備矣內君子而外小人爲泰曰賓自外而內之傳將以賓君子而內之也傳以賓　君子而容有小人焉則如之何曰吾知以君子而賓之耳吾以君子而賓之也若其甘爲小人乎哉爲賓曰之歌曰出而歌之賓至而歌之歌曰日出東方再拜稽首人曰予狂匪日之寅吾其怠荒東方日出稽首再拜人曰予德匪日之愛吾其荒怠其翳其曀其曰惟霧其昫其霧其曰惟雨勿忭其昫倏焉以霧勿謂終翳或時其

暳暳其光矣其光熈熈與佽偕作與佽偕宜倏其露矣或時以熈或時以熈孰知我悲

重修月潭寺建公館記　戊辰

隆興之南有巖曰月潭壁立千仞簷垂數百尺其上頮洞玲瓏浮者若雲霞亘者若虹霓谺者若樓殿門闕懸若鼓鐘編磬幨幢纓絡若搏風之鵬翻隼翔鵠鷮匯之糾蟠猱猊之駭攫譎奇變幻不可具狀而其下澄灢邃谷不測之洞環秘回伏喬林秀木垂蔭蔽虧島瀑清溪停洞引映天下之山萃於雲貴連亘萬里參天無極行旅之往來目攀緣下上於窮崖絕壑之

間雖雅有泉石之癖者一入雲貴之途莫不困踣煩厭非復夙好而惟至於茲巖之下則又皆灑然開豁心洗目醒雖庸儔俗侶素不知有山水之遊者亦皆徘徊顧盼相與延戀而不忍去則茲巖之勝蓋不言可知矣巖界興隆偏橋之間各數十里行者至是皆憊頓飢悴宜有休息之所而巖僻故有寺附巖之戍卒官吏與凡苗夷犵狇之種連屬而居者歲時令節皆於是焉釐祝寺漸蕪廢行禮無所憲副滇南朱君文瑞按部至是樂茲巖之勝憫行旅之艱而從士民之請也乃捐貲化材新其寺於巖之右以爲釐祝之

所曰吾聞爲民者順其心而趨之善今苗夷之人知有尊君親上之禮而慽於弗伸也吾從而利道之不亦可乎則又因寺之故材與址架樓三楹以爲部使者休食之館曰吾聞爲政者因勢之所便而成之故事適而民逸今旅無所舍而使者之出師行百里饑不得食勞不得息吾圖其可久而兩利之不亦可乎使遊僧正觀任其勞指揮狄遠度其工千戶某某相其役遠近之施捨勤助者欣然而集不兩月而工告畢自是饑者有所炊勞者有所休遊觀者有所舍覽視者有所瞻依以爲竭虔效誠之地而茲巖之奇若

增而益勝也正觀將記其事於石適予過而請焉予惟君子之政不必專於法要在宜於人君子之教不必泥於古要在入於善是舉也蓋得之矣況當法網嚴密之時衆方喘息憂危動慮牽羈而乃能從容於山水泉石之好行其心之所不愧者而無求免於俗焉斯其非見外之輕而中有定者能若是乎是誠不可以不志也矣寺始於戊卒周齋公成於遊僧德彬增治於指揮劉瑄常智李勝及其屬王威韓倹之徒至是凡三緝而公館之建則自今日始

玩易窩記 戊辰

陽明子之居夷也穴山麓之窩而讀易其間始其未得也仰而思焉俯而疑焉函六合入無微茫乎其無所指孑乎其若株其或得之也沛兮其若決瞭兮其若徹菹淤出焉精華入焉若有相者而莫知其所以然其得而玩之也優然其休焉充然其喜焉油然其春生焉精粗一外內翕視險若夷而不知其夷之爲陋也於是陽明子撫几而嘆曰嗟乎此古之君子所以其囚奴忘拘幽而不知其老之將至也夫吾知所以終吾身矣名其窩曰玩易而爲之說曰夫易三才之道備焉古之君子居則觀其象而玩其辭動則觀

其變而玩其占觀象玩辭三才之體立矣觀變玩占三才之用行矣體立故存而神用行故動而化神故知周萬物而無方化故範圍天地而無迹無方則象辭基焉無迹則變占生焉是故君子洗心而退藏於密齋戒以神明其德也盖昔者夫子嘗韋編三絶焉嗚呼假我數十年以學易其亦可以無大過已夫

東林書院記 癸酉

東林書院者宋龜山楊先生講學之所也龜山没其地化爲僧區而其學亦遂淪入于佛老訓詁詞章者且四百年成化間今少司徒泉齋邵先生始以舉子

復聚徒講誦於其間先生既仕而址復荒屬于邑之
華氏華氏先生之門人也以先生之故仍讓其地為
書院以昭先生之跡而復龜山之舊先生已紀其廢
興則以記屬之某當是時遼陽高君文豸方來令茲
邑聞其事謂表明賢人君子之迹以風勵士習此吾
有司之責而顧以勤諸生則何事爰畢其所未備而
亦遺人來請嗚呼物之廢興亦決有成數矣而亦存
乎其人夫龜山没使有若先生者相繼講明其間龜
山之學邑之人將必有傳豈遂淪入于老佛詞章而
莫之知求當時從龜山遊不無人矣使有如華氏者

相繼修緝之縱其學未即明其間必有因迹以求道
者則亦何至淪没廢置之久又使其時有司有若高
君者以風勵士習爲己任書院將無因而圮又何至
化爲浮屠之居而蕩爲草莽之野是三者皆宜書之
以訓後若夫龜山之學得之程氏以上接孔孟下啓
羅李晦菴其統緒相承繼無可疑而世猶議其晚流
於佛此其趨向毫釐之不容於無辯先生必嘗講之
精矣先生樂易謙虛德器琛然不見其喜怒人之悅
而從之若百谷之趨大川論者以爲有龜山之風非
有得於其學宜勿能之然而世之宗先生者或以其

文翰之工或以其學術之邃或以其政事之良先生之心其殆未以是足也從先生游者其以予言而求先生之心以先生之心而求龜山之學庶乎書院之復不爲虛矣書院在錫百瀆之上東望梅村二十里而遥周太伯之所從逃也方華氏之讓地爲院鄉之人與其同門之士爭相趨事若恥於後太伯之遺風尚有存焉特世無若先生者以倡之耳是亦不可以無書

應天府重修儒學記 甲戌

應天京兆也其學爲東南教本國初以爲太學洪武

辛酉始改創焉再修於宣德之己酉自是而後浸以
敝圮正德壬申府尹張公宗厚始議新之未成而遷
中丞以去白公輔之相繼爲尹乃克易朽與頹大完
其所未備而又自以俸餘增置石欄若干楹於櫺星
門之外於是府丞趙公時憲亦協心贊畫故數十年
之廢一旦修舉煥然改觀師模士氣亦皆鼓動興起
廟學一新教授張雲龍等與合學之士二百有若干
人撰序二公之績徵予文爲記予既不獲辭則謂之
曰多師多士若知二公修學之爲功矣亦知自修其
學以成二公之功者乎夫立之師儒區其齋廟昭其

儀物具其廩庖是有國者之立學也而非士之立學也緝其奔壞新其圬墁給其匱乏警其怠弛是有司者之修學也而非士之修學也士之學也以學爲聖賢聖賢之學心學也道德以爲之地忠信以爲之基仁以爲宅義以爲路禮以爲門廉恥以爲垣牆六經以爲戶牖四子以爲階梯求之於心而無假於雕飾也其功不亦簡乎措之於行而無所不該也其用不亦大乎三代之學皆此矣我　國家雖以科目取士而立學之意亦豈能與三代異學之弗立有國者之缺也弗修焉有司之責也立矣修矣而居其地者弗

立弗修是師之咎士之耻也二公之修學既盡有司之責矣多師多士無亦相與自修其學以遠於咎耻者乎無亦擴乃地厚乃基安乃宅闢乃門户固乃垣牆學成而用大之則以庇天下次之則以庇一省一郡小之則以庇其鄉閭家族庶亦無負於國家立學之意有司修之心哉若乃曠安宅舍正路圮基壞垣倚聖賢之門户以爲姦是校之爲萃淵藪也則是朝廷立之而爲士者傾之有司修之而爲士者毁之亦獨何心哉應天爲善首之地豪傑俊偉先後相望其文采之炳蔚科甲之盛多乃其所素餘有不屑於

言者故吾因新學之舉嘉多師多士忻然有維新之志而將進之以聖賢之學也於是乎言

重修六合縣學記　乙亥

六合之學潎久矣師生因仍以苟歲月有司者若無覩也故廢日甚正德甲戌縣尹安福萬廷瑆氏既和輯其民始議拓而新之維時教諭長興徐丙氏來就圮舍日夜砥新厥士尹因謂曰子爲我造士而講肄無所斯吾責何敢不力顧兵荒之餘民不可重困吾姑日積月累而徐圖焉其可乎民聞相謂曰學諭方急訓吾子弟無寧居尹不忍困吾民而躬苦節省吾

儕獨坐視非人也於是耆民李景榮首出百金以倡從而應者相繼不終日聚金五百以告尹尹喜曰吾民尚義若此吾事不難辦矣然吾職務繁劇孰可使以鳩吾事者乎學諭曰尹爲吾師生甚勞苦父老奮義捐金既費其財又盡其力丙與一二僚請無妨教事以敦民閭相謂曰尹不忍困吾民學諭方急訓吾子弟又不忍吾勞而身董之吾儕獨坐視非人也於是耆民王彰陳模首請任其役從而應者十夫以告尹尹喜曰吾民尚義如此吾事不難辦矣提學御史張君適至聞其事而嘉之衆益趨以勸十月辛卯尹

乃典事學諭經度規制以襄訓導某典史某察其勤
惰稽其出納修大成殿修兩廡神廚庫前爲戟門又
前爲櫺星門又前爲泮宫坊皆以石殿後爲明倫堂
爲東西齋又後爲尊經閣明倫堂之左爲三廨以宅三
師前區三圃圃前爲名宦祠又前爲鄉賢祠又前爲
崇文倉明倫堂之右爲致齋所又右爲饌房又右爲
射圃而亭其圃之北曰觀德致齋之外爲宰牲所又
前爲六號凡爲屋百九十有七楹十二月丁巳工告
畢役未逾時也閭閈之民尚或未知其興作聞而來
聚觀者皆相顧嗟愕以爲是何神速爾是何井井爾

煥煥爾庠生某撰考其事來請予記予曰甚哉誠之易以感民也甚哉民之易以誠感也有司者賦民奉國鞭笞累縶不能得則反侻視令縣尹學諭一言而民應之若響使天下之爲有司學職者咸若是天下其有不治乎此可以爲天下之爲有司學職者倡矣民之愛其財與力至爭刀錐靳舉手投足寧殆其身而不悔令六合之民感其上之一言捐數十百金效力爭先恐後使天下之爲民者咸若是天下其有不治乎此可以爲天下之民倡矣民之蔽於欲而厚於利苟有以感之然且不憚費己之財勞己之力以赴

上之所欲爲士秀於民而志於道脩其明德親民之學以應邦家之求固不費財勞力而可能也苟有以感之有不翕然而興者乎吾聞徐論之教六合不數月而士習已爲之一變使由此日遷於高明廣大以洗俗學之陋則夫興起聖賢之學以爲天下士之倡者將又不在於六合之士邪將又不在於六合之士邪

時雨堂記　丁丑

正德丁丑奉　命平漳寇駐軍上杭旱甚禱於行臺雨日夜民以爲未足踰四月戊午班師雨明日又雨

又明日大雨乃出田登城南之樓以觀民大悅有司請名行臺之堂爲時雨且曰民苦於盜久又重以旱將謂靡遺今始去兵革之役而大雨適降所謂王師若時雨今皆有焉請以志其實嗚呼民惟稼穡德惟雨惟天陰騭惟皇克憲惟將士用命去其蟊蠈惟乃有司實耨穫之庶克有秋乃予何德之有而敢叨其功然而樂民之樂亦不容於無已也巡撫都御史王守仁書是日參政陳策僉事胡璉至自班師

重修浙江貢院記　乙酉

古之選士者其才德行誼皆具論定於平日而以時升

之故其時有司之待士一惟忠信禮義而無有乎防嫌逆詐之心也士之應有司一惟廉耻退讓而無有乎奔競僥倖之圖也迨世下衰科舉之法興而忠信廉耻之風薄上之人不能無疑於其下而防範日密下之人不能無疑於其上而鄙詐日生於是乎至有搜檢巡綽之事而待之不能以禮矣有糊名易書之制而信之不能以誠矣有志之士未嘗不嘆惜於古道而千數百年卒無以改殆亦風氣習染之所成學術教化之所積勢有不可得而挽焉者也雖然古人之法不可得而復矣所以斟酌古人之意而默行之

者不猶有可盡乎後世之法不可得而改矣所以匡持後世之弊而善用之者不猶有可爲乎有司之奉行其識下者昧古之道而益浚之以刻薄猥瑣之意其見高者鄙時之弊而遂行之以忽慢苟且之心是以陋者益陋而蹶者愈蹶則亦未可專委咎於法也若浙之諸君子之重修貢院斯其有足以起予者矣浙之貢院舊在城西嘗以隘遷於藩治之東北而苟簡尚仍其舊乃嘉靖乙酉復當大比監察御史潘君倣實來監臨乃與諸司之長佐愼慮其事而預圖之慨規制之弗備弗飾相顧而言曰凡政之施孰有大

於舉賢才者而可忽易之若是夫興居靡所而責以殫心厥事人情有所不能矣無亦休其容處優其餼養使人樂事勸忠以各供其職庶亦盡心求士之誠乎慢令弛禁罔使陷於非僻而後摧辱之其爲狎侮士類亦甚矣無亦張其紀度明其視聽使人不戒而肅以全其廉恥庶亦待士以禮之意乎於是新選秀堂而軒於其前爲三楹新至公堂而軒於其前爲五楹庖湢器用無不備具又斫明遠樓以爲三楹而上崇三簷下疏三道刱石臺於四隅而各亭其上以爲眺望之所其諸防閑之道靡不恪修夫然後入而觀

焉則森嚴洞達供事者莫敢有輕忽慢易之心而就試者自消其回邪非僻之念蓋不費財力而事修於旬月之間不大聲色而政令行扁觀向一新若諸君者誠可謂能求古人之意而默行之者矣能匡後世之弊而無用之者矣諸君之盡心其可見者如此至其妙運於心術之微而務竭於得爲之地不可以盡見者固將無所不用其極可知也是舉也其必有才德行誼之士如三代之英者出以應諸君之求已乎工訖使來請記辭不克而遂爲書之嗚呼天下之事所以弊於今而不可復於古者寧獨科舉爲然乎誠

使求古人之意而默行善用之皆如諸君今日之舉焉其於成天下之治也何有哉

濬河記　乙酉

越人以舟楫爲輿馬濱河而廛者皆巨室也日規月築水道淤溢畜洩旣亡旱澇頻仍商旅日爭於途至有鬬而死者矣南子乃决沮障復舊防夫豪商之壅削勢家之侵失利之徒胥怨交謗從而謎之曰南守瞿瞿實破我廬瞿瞿南守使我奔走人曰吾守其腐民歟何其謗者之多也陽明子曰遲之吾未聞以佚道使民而或有怨之者也旣而舟楫通利行旅歡呼

絡繹是秋大旱江河龜折越之人收穫輸載如常明年大水民居免於墊溺遠近稱忭又從而歌之曰相彼舟人矣昔揭以曳矣今歌以楫矣旱之歊也微南侯兮吾其燋矣霪其彌月矣微南侯兮吾其魚鼈矣我輸我穫矣我遊我息矣長渠之活矣維南侯之流澤矣人曰信哉陽明子之言未聞以佚道使民而或有怨之者也紀其事于石以詔來者

陽明先生文録卷之七

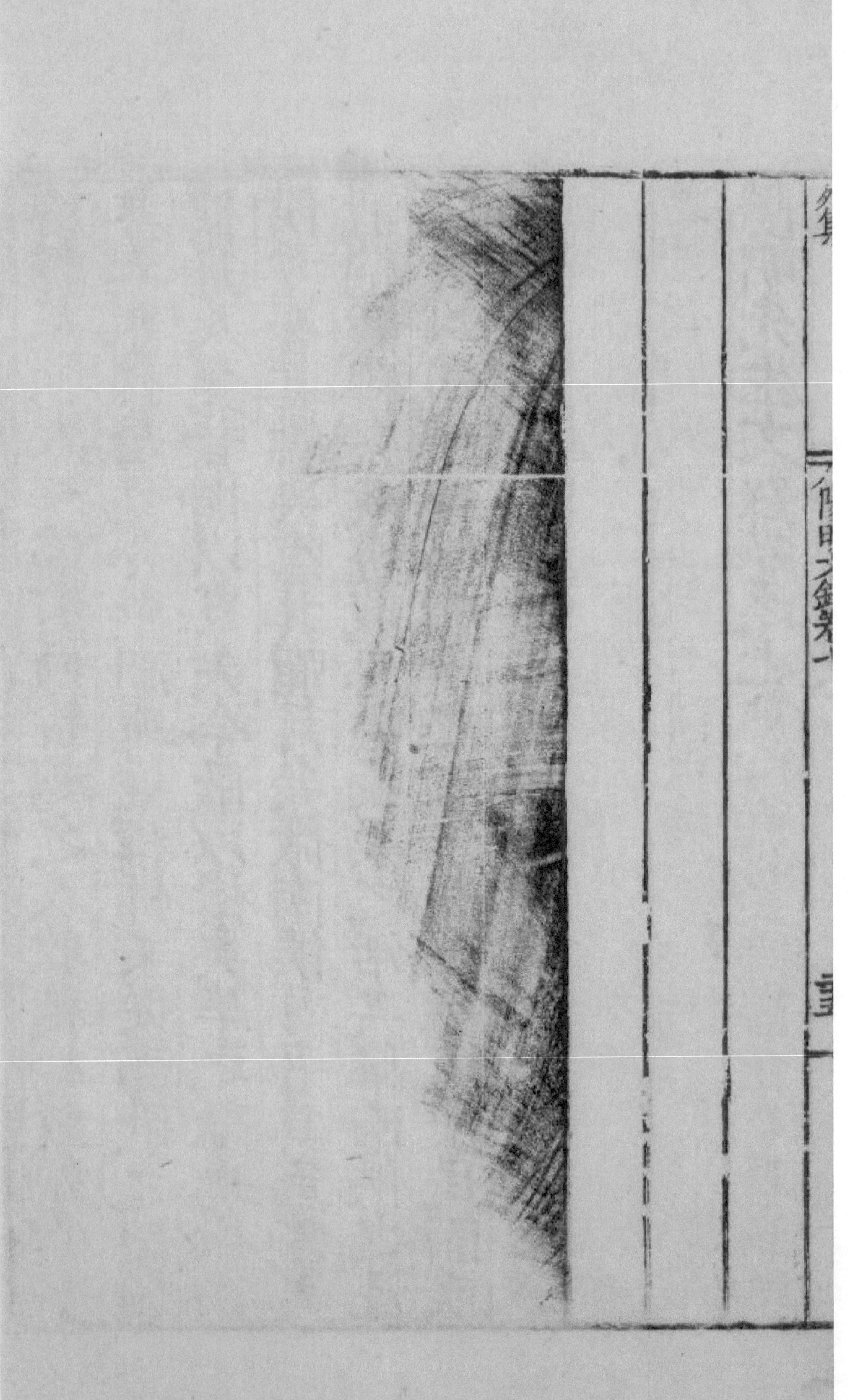

陽明先生文録卷之八

説　雜著

白説字貞夫説　乙亥

白生説常太保康敏公之孫都憲敬齋公之長子也敬齋賓子而冠之胙既醮而請曰是兒也嘗辱子之門人辱臨其冠敢請字而教諸説也吾何以字而教諸吾聞之天下之道説而巳天下之説貞而巳乾道變化於穆流行無非説也天何心焉坤德闔闢順成化生無非説也坤何心焉仁理惻怛感應和平無非説也人亦何心焉故説也者貞也貞也

者理也全乎理而無所容其心焉之謂貞本於心而無所拂於理焉之謂說故天得貞而說道以亨地得貞而說道以成人得貞而說道以生貞乎貞乎三極之體是謂無已說乎說乎三極之用是謂無動無動故順而化無已故誠而神誠神剛之極也順化柔之則也故曰剛中而柔外說以利貞是以順乎天而應乎人說之時義大矣哉非天下之至貞其孰能與於斯乎請字說曰貞夫敬齋曰廣矣子之言固非吾兒所及也請問其次曰道一而已孰精粗焉而以次為君子之德不出乎性情而其至塞乎天地故說也者

情也貞也者性也說以正情之性也貞以說性之命也性情之謂和性命之謂中致其性情之德而三極之道備矣而又何二乎吾姑語其畧而詳可推也本其事而功可施也目而色也耳而聲也口而味也四肢而安逸也說也有貞焉君子不敢以或過也貞而已矣仁而父子也義而君臣也禮而夫婦也信而朋友也說也有貞焉君子不敢以不致也貞而已矣故貞者說之幹也說者貞之枝也故貞以養心則心說貞以齊家則家說貞以治國平天下則國天下說說必貞未有貞而不說者也貞必說未有說而不貞者

也説而不貞小人之道君子不謂之説也不僞則欲不佞則邪奚其貞也哉夫夫君子之稱也貞君子之道也字説曰貞夫勉以君子而已矣敬齋起拜曰子以君子之道訓吾兒敢不拜嘉顧謂説曰再拜稽首書諸紳以蚤夜祗承夫子之命

劉氏三子字説　乙亥

劉毅齋之子三人當毅齋之始入學也其孟生名之曰甫學始舉於鄉也其仲生名之曰甫登始從政也其季生名之曰甫政毅齋將冠其三子弁問其字於予予曰君子之學也以成其性學而不至於成性不

可以爲學字甫學曰子成要其終也學成而登庸登者必以漸故登高必自卑字甫登曰子漸戒其驟也登庸則漸以從政矣政者正也未有已不正而能正人者字甫政曰子正反其本也毅齋起拜曰乾也既承教豈獨以訓吾子

題湯大行　殿試策問下　壬戌

士之登名禮部而進于　天子之廷者　天子臨軒而問之則錫之以制皆得受而歸藏之於廟以輝榮其遭際之盛蓋今世士人皆爾也丹陽湯君某登弘治[illegible]進士方爲行人以其嘗所受之制屬某跋數

語於其下嗟夫明試以言自虞廷而然乃言底可績則三代之下吾見亦罕矣君之始進也　天子之所以咨之者何如耶而君之所以對之者何如耶夫矯言以求進君之所不爲也已進而遂忘其言焉又君之所不忍也君於是乎朝夕焉顧諟　聖天子之明命其將曰是　天子之所以咨詢我者也始吾既如是其對揚之矣而今之所以持其身以事吾君者其亦果如是耶抑其亦未踐耶夫伊尹之所以告成湯者數言而終身踐之太公之所以告武王者數言而終身踐之推其心也君其志於伊呂之事乎夫煇[illegible]

其一時之遭際以跨世君所不屑矣不然則是制也者君之所以鑑也昔人有惡形而惡鑑者遇之則掩袂却走君將掩袂却走之不暇而又烏揭之焉日以示人其志於伊吕之事奚疑哉君其勉矣上帝臨汝毋貳爾心冀亦嘗繆承明問雖其所以對揚與其所以爲志者不可以望君然亦何敢以忘自勗

示徐曰仁應試　丁卯

君子窮達一聽於天但既業舉子便須入塲此亦人事宜爾若期在必得以自窘辱則大惑矣入塲之日切勿以得失横於胸中令人氣餒志分非徒無益而

又害之塲中作文先須大開心目見得題意大槩了即放膽下筆縱昧些處詞氣亦條暢今人入塲有志氣局促不舒展者是得失之念爲之病也夫心無二用一念在得一念在失一念在文字是三用矣所事寧有成耶只此便是執事不敬便是人事有未盡處雖或倖成君子有所不貴也將進塲十日前便須練習調養蓋尋常不曾起早得慣忽然當之其日必精神恍惚作文豈有佳思須每日鷄初鳴即起盥櫛整衣端坐陡擻精神勿使昏惰日日習之臨期不自覺辛苦矣今之調養者多是厚食濃味劇酣謔浪或竟

日偃臥如此此是撓氣昏神長惰而召疾也豈攝養精神之謂哉務須絶飲酒薄滋味則氣自清寡思慮屏耆欲則精自明定心氣少眠睡則神自澄君子未有不如此而能致力於學問者兹特以科場一事而言之耳每日或倦甚思休少偃即起勿使昏睡既晚即睡却勿久坐進場前兩日即不得翻閱書史雜亂心目每日止可看文字一篇以自娛若心勞氣耗莫如勿看務在怡神適趣忽充然滚滚若有所得勿便氣輕意滿益加含蓄醞釀若江河之浸泓衍泛濫驟然決之一瀉千里矣每日閑坐時衆方囂囂然我獨淵然

中心融融自有眞樂蓋出乎塵垢之外而與造物者游非吾子槩嘗聞之宜未足以與此也

龍場生問答 戊辰

龍場生問於陽明子曰夫子之言於朝侶也愛不忘乎君也今者譴於是而汲汲於求去殆有所渝乎陽明子曰吾今則有間矣今吾又病是以欲去也龍場生曰夫子之以病也則吾既聞命矣敢問其所以有間何謂也昔爲其貴而今爲其賤昔處於内而今處於外歟夫乘田委吏孔子嘗爲之矣陽明子曰非是之謂也君子之仕也以行道不以道而仕者竊也今

吾不得爲行道矣雖古之有祿仕未嘗奸其職也曰牛羊茁壯會計當也今吾不無愧焉夫祿仕爲貧也而吾有先世之田力耕足以供朝夕子且以吾爲道乎以吾爲貧乎龍場生曰夫子之來也讁也非仕也子於父母惟命之從臣之於君同也不曰事之如一而可以拂之無乃爲不恭乎陽明子曰吾之來也讁也非仕也吾之讁也乃仕也非役也役者以力仕者以道力可屈也道不可屈也吾萬里而至以承讁也然猶有職守焉不得其職而去非以讁也君猶父母事之如一固也不曰就養有方乎惟命之從而不以

道是妾婦之順非所以爲恭也龍場生曰聖人不敢忘天下賢者而皆去君誰與爲國矣曰賢者則忘天下乎夫出溺於波濤者沒人之能也陸者冒焉而胥溺矣吾懼於胥溺也龍場生曰吾聞賢者之有益於人也惟所用無擇於小大焉若是亦有所不利歟曰賢者之用於世也行其義而已義無不宜無不利也不得其宜雖有廣業君子不謂之利也且吾聞之人各有能有不能惟聖人而後無不能也吾猶未得爲賢也而子責我以聖人之事固非其擬矣曰夫子不屑於用也夫子而苟屑於用蘭蕙榮於堂階而芬馨

被於几席萑葦之刈可以覆垣草木之微則亦有然者而况賢者乎陽明子曰蘭蕙榮於堂階也而後芬馨被於几席萑葦也而後可刈以覆垣今子將刈蘭蕙而責之以覆垣之用子爲愛之耶抑爲害之耶

論元年春王正月 戊辰

聖人之言明白簡實而學者每求之於艱深隱奧是以爲論愈詳而其意益晦春秋書元年春王正月蓋仲尼作經始筆也以予觀之亦何有於可疑而世儒之爲說者或以爲周雖建子而不改月或以爲周改月而不改時其最爲有據而爲世所宗者則以夫子

嘗欲行夏之時此以夏時冠周月蓋見諸行事之實也紛紛之論至不可勝舉遂使聖人明易簡實之訓反爲千古不决之疑嗟夫聖人亦人耳豈獨其言之有遠於人情乎哉而儒者以爲是聖人之言而必求之於不可窺測之地則已過矣夫聖人之示人無隱若日月之垂象於天非有變恠恍惚有目者之所睹而及其至也巧曆有所不能計精於理者有弗能盡知也如是而已矣若世儒之論是後世任情用智拂理亂常者之爲而謂聖人爲之耶夫子嘗曰吾從周又曰非天子不議禮不制度生乎今之世反古之道

災及其身者也仲尼有聖德無其位而改周之正朔是議禮制度自已出矣其得爲從周乎聖人一言世爲天下法而身自違之其何以訓天下夫子患天下之夷狄橫諸侯強背不復知有天王也於是乎作春秋以誅僭亂尊周室正一王之大法而已乃首改周之正朔其何以服亂臣賊子之心春秋之法變舊章者必誅若宣公之稅畝紊王制者必誅若鄭莊之歸祊無王命者必誅若莒人之入向是三者之有罪固猶未至於變易天王正朔之甚也使魯宣鄭莊之徒舉是以詰夫子則將何辭以對是攘夷之鷄而惡其

爲盜責人之不弟而自敺其兄也豈春秋忠恕先自治而後治人之意乎今必湼於行夏之時之一言而曲爲之說以爲是固見諸行事之驗又引孟子春秋天子之事罪我者其惟春秋之言而證之夫謂春秋爲天子之事者謂其時天王之法不行於天下而夫子作是以明之耳其賞人之功罰人之罪誅人之惡與人之善蓋亦據事直書而褒貶自見若士師之斷獄辭具而獄成然夫子猶自嫌於侵史之職明天子之權而謂天下後世且將以是而罪我固未嘗取無罪之人而論斷之曰吾以明法於天下取時王之制

而更易之曰吾以垂訓於後人法未及明訓未及垂而已自陷於殺人比於亂逆之黨矣此在中世之士稍知忌憚者所不爲而謂聖人而爲此亦見其陰黨於亂逆誣聖言而助之攻也已或曰子言之則然耳爲是說者以伊訓之書元祀十有二月而證周之不改月以史記之稱元年冬十月而證周之不改時是亦未爲無據也子之謂周之改月與時也獨何據乎曰吾據春秋之文也夫商而改月則伊訓必不書曰元祀十有二月秦而改時則史記必不書曰元年冬十月周不改月與時也則春秋亦必不書曰春王正

月春秋而書曰春王正月則其改月與時已何疑焉況禮記稱正月七日日至而前漢律曆志武王伐紂之歲周正月辛卯朔合辰在斗前一度戊午師度孟津明日己未冬至考之大誓十有三年春武成一月壬辰之說皆足以相爲發明證周之改月與時而予意直據夫子春秋之筆有不必更援是以爲之證者今舍夫子明白無疑之直筆而必欲傍引曲據證之於穿鑿可疑之地而後已是惑之甚也曰如子之言則冬可以爲春乎曰何爲而不可陽生於子而極於巳午陰生於午而極於亥子陽生而春始盡於寅而

猶夏之春也陰生而秋始盡於申而猶夏之秋也自一陽之復以極於六陽之乾而爲春夏自一陰之姤以極於六陰之坤而爲秋冬此文王之所演而周公之所係武王周公其論之審矣若夫仲尼夏時之論則以其關於人事者比之建子爲尤切而非謂其爲不可也啓之征有扈曰怠棄三正則三正之用在夏而已然非始於周而後有矣曰夏時冠周月此安定之論而程子亦嘗云爾曾謂程子之賢而不及是也何哉曰非謂其知之不及也程子蓋泥於論語行夏之時之言求其說而不得從而爲之辭蓋推求聖言

之過耳夫論語者夫子議道之書而春秋者魯國紀事之史議道自夫子則不可以不盡紀事在魯國則不可以不實道並行而不相悖者也且周雖建子而不改時與月則固夏時矣而夫子又何以行夏之時云乎程子之云蓋亦推求聖言之過耳庸何傷夫子嘗曰君子不以人廢言使程子而猶在也其殆不廢予言矣

書東齋風雨卷後 癸酉

悲喜憂佚之形於前材亦何常之有哉向之以爲愁苦淒鬱之鄉而今以爲樂事者有矣向之歌舞歡愉

之地令過之而嘆息咨嗟泫然而泣下者有矣二者之相尋於無窮亦何以異於不能崇朝之風雨而顧執而留之於胸中無乃非達者之心歟吾觀東齋風雨之作固亦寫其一時之所感遇風止雨息而感遇之懷亦不知其所如矣而猶諷咏嗟嘆於十年之後得無類於夢爲僕役覺而涕泣者歟夫其隱几於蓬窓之下聽芹波之春響而咏夜簷之寒聲自今言之但覺其有幽閒自得之趣殊不見其有所苦也借使東齋主人得特居顯要一旦失勢退處寂寞其感念疇昔之懷當與今日何如哉然則録而追咏之無亦

將有洒然而樂廓然而忘言者矣而和者以爲眞有所苦而類爲籌楚不任之辭是又不可與言夢者而於東齋主人之意失之遠矣

書察院行臺壁 丁丑

正德丁丑三月奉　命征漳寇駐軍上杭旱甚禱於行臺雨日夜民以爲未足四月戊午寇平旋師是日大雨明日又雨又明日復雨登城南之樓以觀農事遂謁晦翁祠於水南覽七星之勝槩夕歸志其事於察院行臺

諭俗四條 丁丑

爲善之人非獨其宗族親戚愛之朋友鄉黨敬之雖鬼神亦陰隲之爲惡之人非獨其宗族親戚叛之朋友鄉黨怨之雖鬼神亦陰殛之故積善之家必有餘慶積不善之家必有餘殃

見人之爲善我必愛之我能爲善人豈有不愛我者乎見人之爲不善我必惡之我苟爲不善人豈有不惡我者乎故凶人之爲不善至於隕身亡家而不悟者由其不能自反也

今人不忍一言之忿或爭銖兩之利遂相搆訟夫我欲求勝於彼則彼亦欲求勝於我讐讐相報遂至破

家蕩産禍貽子孫豈若含忍退讓使鄉里稱爲善人長者子孫亦蒙其庇乎

今人爲子孫計或至謀人之業奪人之産日夜營營無所不至昔人謂爲子孫作馬牛然身没未寒而業已屬之他人讐家群起而報復子孫反受其殃是殆爲子孫作蛇蝎也吁可戒哉

書佛郎機遺事 庚辰

見素林公聞寧濠之變即夜使人範錫爲佛郎機銃并抄火藥方手書勉予竭忠討賊時六月毒暑人多道暍死公遣兩僕裹糧從間道冒暑晝夜行三千餘

里以遺予至則濠已就擒七日予發書爲之感激涕下蓋濠之擒以七月二十六距其始事六月十四僅月有十九日耳世之君子當其任能不畏難巧避者鮮矣況已致其事而能急 國患踰其家如公者乎蓋公之忠誠根於天性故老而彌篤身退而憂愈深節愈勵嗚呼是豈可以聲音笑貌爲哉嘗欲列其事于朝顧非公之心也爲作佛郎機私詠君子之同聲者將不能已於言耳矣

佛郎機誰所爲截取比干腸裹以鴟夷皮萇弘之血釁不足睢陽之怒恨有遺老臣忠憤寄所洩震驚百

里賊膽披徒請尚方劍空聞魯陽揮段公笏板不在
茲佛郎機誰所爲

正德戊寅之冬福建按察僉事周期雍以公事抵贛時逆濠奸謀日稔遠近洶洶予思預爲之備而濠黨伺覘左右搖手動足朝聞暮達以期雍官異省當非濠所計及因屏左右語之故遂與定議期雍歸即陰募驍勇具械束裝部勒以俟予檄晨到而期雍夕發故當濠之變外援之兵惟期雍先至適當見素公書至之日距濠始事亦僅月有十九日耳初予嘗使門人冀元亨者因講學說濠以君

臣大義或格其奸濠不懌已而滋怒遣人陰購害之冀辭予曰濠必反先生宜早計遂遁歸至是聞變知予必起兵即日潛行赴難亦適以是日至見素公在莆陽周官上杭冀在常德去南昌各三千餘里乃皆同日而至事若有不偶然者輒附錄於此聊以識予之耿耿云

題壽外母蟠桃圖　庚辰

某之妻之母諸太夫人張今年壽八十十二月二十有二日其設帨辰也某縻於官守不能歸捧一觴於堂下幕下之士有郭詡者因爲作王母蟠桃之圖以

獻夫玉母蟠桃之說雖出於僊經異典未必其事之有無然今世之人多以之祝願其所親愛固亦古人岡陵松柏之意也吾從衆可乎遂用之以寄遥祝之私而詩以歌之云維彼蟠桃千歲一華夫人之壽茲維始葩維彼蟠桃千歲一實夫人之壽益堅孔碩維華維實厥根彌植維夫人孫子亦昌衍靡極

題夢槎奇遊詩卷

君子之學求盡吾心焉爾故其事親也求盡吾心之孝而非以爲孝也事君也求盡吾心之忠而非以爲忠也是故夙興夜寐非以爲勤也剸繁理劇非以爲

能也嫉邪祛蠹非以爲剛也規切諫諍非以爲直也臨難死義非以爲節也吾心有不盡焉是謂自欺其心心盡而後吾之心始自以爲快也惟夫求以自快吾心故凡富貴貧賤憂戚患難之來莫非吾所以致知求快之地苟富貴貧賤憂戚患難而莫非吾致知求快之地則亦寧有所謂富貴貧賤憂戚患難者足以動其中哉世之人徒知君子之於富貴貧賤憂戚患難無入而不自得也而皆以爲獨能人之所不可及不知君子之求以自快其心而已矣林君汝桓之名吾聞之蓋久然皆以爲聰明特達者也文章氣節

者也今年夏聞君以直言被謫果信其爲文章氣節者矣又踰月君取道錢塘則以書來道其相愛念之厚病不能一枉爲恨且惓惓以聞道爲急問學爲事嗚呼君益知學者也志於道德者也寧可専以文章氣節稱之已而郡守南君元善示予以夢槎奇遊卷蓋京師士友贈君南行者予讀之終篇嘆曰君知學者也志於道德者也則將以求自快其心者也則其奔走於郡縣之末也猶其從容於部署之間也則將地官郎之議國事未嘗以爲抗而徐聞丞之親民務未嘗以爲瑣也則夢槎未嘗以爲異而南遊未嘗以

爲奇也君子樂道人之善則張大而從史之是固贈行者之心乎予亦以病不及與君一面感君好學之篤因論君子之所以爲學者以爲君贈

爲善最樂文 丁亥

君子樂得其道小人樂得其欲然小人之得其欲也吾亦但見其苦而已耳五色令人目盲五聲令人耳聾五味令人口爽馳騁田獵令人心發狂營營戚戚憂患終身心勞而日拙欲縱惡積以亡其生烏在其爲樂也乎若夫君子之爲善則仰不愧俯不怍明無人非幽無鬼責優優蕩蕩心逸日休宗族稱其孝鄉

黨稱其弟言而人莫不信行而人莫不悅所謂無入而不自得也亦何樂如之妻弟諸用明積德為善有可用之才而不求仕人曰子獨不樂仕乎用明曰爲善最樂也因以四字扁其退居之軒率二子階陽日與鄉之俊彥讀書講學於其中已而二子學日有成登賢薦秀鄉人嘖嘖皆曰此亦爲善最樂之效矣用明笑曰爲善之樂大行不加窮居不損豈顧於得失榮辱之間而論之聞者心服僕夫治圃得一鏡以獻於用明刮土而視之背亦適有爲善最樂四字坐客嘆異皆曰此用明爲善之符誠若亦不偶然者也相

輿詠其事而來請於予以書之用以訓其子孫遂以勗夫鄉之後進

客座私祝　丁亥

但願温恭直諒之友來此講學論道示以孝友謙和之行德業相勸過失相規以教訓我子弟使毋陷於非辟不願狂懆惰慢之徒來此博奕飲酒長傲飾非導以驕奢淫蕩之事誘以貪財黷貨之謀冥頑無耻扇惑鼓動以益我子弟之不肖嗚呼由前之説是謂良士由後之説是謂凶人我子弟苟遠良士而近凶人是謂逆子戒之戒之嘉靖丁亥八月將有兩廣之

行書此以戒我子弟并以告夫士友之辱臨於斯者請一覽教之

陽明先生文録卷之八

陽明先生文録卷之九

雜著

書汪汝成格物卷癸酉

予於汝成格物致知之説博文約禮之説博學篤行之説一貫忠恕之説蓋不獨一論再論五六論數十論不止矣汝成於吾言始而駭以拂既而疑焉又既而大疑焉又既而稍釋焉而稍喜焉而又疑焉最後與予遊於玉泉蓋論之連日夜而始快然以釋油然以喜冥然以契不知予言之非汝成也不知汝成之言非予言也於戲若汝成可謂不苟同於予亦非苟

異於予者矣卷首汝成之請蓋其時尚有疑於予今旣釋然予可以無言也已叙其所以而歸之

書石川卷　甲戌

先儒之學得有淺深則其爲言亦不能無同異學者惟當反之於心不必苟求其同亦不必故求其異要在於是而已今學者於先儒之說苟有未合不妨致思思之而終有不同亦固未爲甚害但不當因此而遂加非毀則其爲罪大矣同志中往往似有此病故特及之程先生云賢且學他是處未須論他不是處此言最可以自警　見賢思齊焉見不賢而內自省則

不至於責人已甚而自治嚴矣○議論好勝亦是今時學者大病今學者於道如管中窺天少有所見即自足自是傲然居之不疑與人言論不待其辭之終而已先懷輕忽非笑之意訑訑之聲音顔色拒人於千里之外不知有道者從傍視之方爲之竦息汗顔若無所容而彼悍然不顧略無省覺斯亦可哀也已近時同輩中往往亦有是病者相見時可出此以警勵之○某之於道雖亦略有所見未敢盡以爲是也其於後儒之說雖亦時有異同未敢盡以爲非也朋友之來問者皆相愛者也何敢以不盡吾所見正期

體之於心，務求眞有所見，其孰是孰非而身發明之，庶有益於斯道也。若徒入耳出口，互相標立門戶以爲能學，則非某之初心，其所以見罪之者至矣。近聞同志中亦有類此者，切須戒勉，乃爲無負。孔子云：「默而識之，學而不厭。」斯乃深望於同志者也。

與傅生鳳　甲戌

祁生傅鳳志在養親，而苦於貧。徐曰仁之爲祁也，憫其志，嘗育而教之。及曰仁去，祁生乃來京師謁予，遂從予而南。聞予言，若有省，將從事於學。然痛其親之貧且老，其繼母弟又聾而愚，無所資以爲養，乃記誦訓詁學文辭冀以是干升斗之禄日夜不息遂以是得危疾幾不可救同門之士百計寬譬之不能已乃以質於予予曰噫若生者亦誠可憐者也生之志誠出於孝親然已陷於不孝而不之覺矣若生者亦誠可憐者也生聞之悚然來問曰家貧親老而不爲禄仕得爲孝乎予曰不得爲孝矣欲求禄仕而至於成疾以殞其軀得爲孝乎生曰不得爲孝矣殞其軀而欲讀書學文以求禄仕禄仕可得乎生曰不可得禄仕矣曰然則爾何以能免於不孝於是泫然泣下甚悔且曰鳳何如而可以免於不孝予曰保爾生毋絶

爾身正爾情毋辱爾親盡爾職毋以得失爲爾惕安爾命毋以外物戕爾性斯可以免矣其父聞其疾危來視遂欲携之同歸予憐鳳之志而不能成也哀鳳之貧而不能賑也憫鳳之去而不能留也臨别書此遺之

書王天宇卷　甲戌

徐曰仁數爲予言天宇之爲人予蓋知之矣今年春始與相見於姑蘇話適宵益信曰仁之言天宇誠忠信者也才敏而沉潛者也於是乎慨然有志於聖賢之學非豪傑之士能然哉出兹卷請予言予不敢虛

則爲誦古人之言曰聖誠而已矣君子之學以誠身格物致知者立誠之功也譬之植焉誠其根也格致其培壅而灌溉之者也後之言格致者或異於是矣不以植根而徒培壅焉灌溉焉弊精勞力而不知其終何所成矣是故聞日博而心日外識益廣而僞益增涉獵考究之愈詳而所以緣飾其奸者愈深以甚是其爲弊亦既可覩矣顧猶泥其說而莫之察也獨何歟今之君子或疑予言之爲禪矣或疑予言之求異矣然吾不敢苟避其說而内以誣於已外以誣於人也非吾天宇之高明其孰與信之

書王嘉秀請益卷　甲戌

仁者以天地萬物爲一體莫非己也故曰己欲立而立人己欲達而達人古之人所以能見人之善若己有之見人之不善則惻然若己推而納諸溝中者亦仁而已矣今見善而妒其勝己見不善而疾視輕蔑不復比數者無乃自陷於不仁之甚而弗之覺者邪夫可欲之謂善人之秉彝好是懿德故凡見惡於人者必其在己有未善也瑞鳳祥麟人爭快覩虎狼蛇蝎見者持梃刃而向之矣夫虎狼蛇蝎未必有害人之心而見之必惡爲其有虎狼蛇蝎之形也今之見

惡於人者雖其自取未必盡惡無亦在外者猶有惡之形歟此不可以不自省也　君子之學爲己之學也爲己故必克己克己則無己無己者無我也世之學者執其自私自利之心而自任以爲爲己滯焉入於曠墮斷滅之中而自任以爲無我者吾見亦多矣嗚呼自以爲有志聖人之學乃墮於末世佛老邪僻之見而弗覺亦可哀也夫　有一言而可以終身行之者其恕乎强恕而行求仁莫近焉恕之一言最學者所喫緊其在吾子則猶對病之良藥宜時時勤服之也見賢思齊焉見不賢而内自省夫能見不賢而

内自省則躬自厚而薄責於人矣此遠怨之道也

書孟源卷　乙亥

聖賢之學坦如大路但知所從入苟循循而進各隨分量皆有所至後學厭常喜異往往時入斷蹊曲徑用力愈勞去道愈遠向在滁陽論學亦懲末俗卑汚未免專就高明一路開導引接盖矯枉救傷以拯時弊不得不然若終迷陋習者已無所責其間亦多興起感發之士一時趨向皆有可喜近來又復漸流空虛爲脫落新奇之論使人聞之甚為足憂雖其人品高下若與終迷陋習者亦微有間然究其歸極相去

能幾何哉孟源伯生復來金陵請益察其意向不爲無進而談說之弊亦或未免故因其歸而告之以此遂使歸告同志務相勉於平實簡易之道庶無負相期云耳

書楊思元卷　乙亥

楊生思元自廣來學既而告歸曰夫子之教思元既畧聞之懼不克任請所以砭其疾者而書諸紳予曰予強明者也警敏者也強明者病於矜高是故亢而不能下警敏者病於淺陋是故浮而不能實砭子之疾其謙默乎謙則虛虛則無不容是故受而不濫德

斯聚矣默則愼愼則無不容是故積而愈堅誠斯立矣彼少得而自盈者不知謙者也少見而自衒者不知默者也自盈者吾必惡之自衒者吾必恥之而人有不我惡者乎有不吾恥者乎故君子之觀人而必自省也其謙默乎

書玄默卷　乙亥

玄默志於道矣而猶有詩文之好何耶奕小技也不專心致志則不得況君子之求道而可分情於他好乎孔子曰詞達而已矣蓋世之爲詞章者莫不以是籍其口亦獨不曰有德者必有言有言者不必有德

乎、德猶根也、言猶枝葉也、根之不植、而徒以枝葉爲者、吾未見其能生也、予別玄默久、友朋得玄默所爲詩者、見其辭藻日益以進、其在玄默固所爲根盛而枝葉茂者耶、玄默過留都、示予以斯卷、書此而遺之玄默尚有以告我矣、

書諸陽伯卷　戊寅

諸陽伯僴從予而問學、將別、請言予曰、相與數月而未嘗有所論、別而後言也、不既晚乎、日數月而未敢有所問、知夫子之無隱於我、而莫或有所得也、別而後請言、已自知其無所得、而慮夫子之或隱於我也

予曰吾何所隱哉道若日星然予惟不用目力焉耳無弗睹者也予又何求乎道在邇而求諸遠事在易而求諸難天下之通患也予歸而立予之志竭予之目力若是而有所弗睹則吾爲隱於予矣

書陳世傑卷　庚辰

堯允恭克讓舜温恭允塞禹不自滿假文王徽柔懿恭小心翼翼望道而未之見孔子温良恭儉讓蓋自古聖賢未有不篤於謙恭者向見世傑以足恭爲可耻故遂入於簡抗自是簡抗自是則傲矣傲凶德也不可長足恭也者有所爲而爲之者也無所爲而爲

之者謂之謙謙德之柄溫溫恭人惟德之基堂堂乎張也難與並爲仁矣仲尼贊易之謙曰謙尊而光卑而不可踰君子之終也故地不謙不足以載萬物天不謙不足以覆地聖人不謙不足以受天下之益昔顏子以能問於不能有而若無蓋得夫謙道也慎獨致知之説既嘗反覆於世傑則百凡私意之萌自當退聽矣復嚌嚌於是蓋就世傑之質之所急者言之躬自厚而薄責於人則遠怨見賢思齊見不賢而內自省則德脩毋謂己爲己知而輙以誨人毋謂人爲不知而輙以怨人終日但見己過默而識之學而不

厭則於道也其庶矣乎

諭泰和楊茂其人不能言不能聽自候門求見　庚辰

你口不能言是非你耳不能聽是非你心還能知是非否答曰知是非如此你口雖不如人你耳雖不如人你心還與人一般茂時首肯拱謝大凡人只是此心此心若能存天理是箇聖賢的心口雖不能言耳雖不能聽也是箇不能言不能聽的聖賢心若不存天理是箇禽獸的心口雖能言耳雖能聽也只是箇能言能聽的禽獸茂時扣胷指天你如今於父母但盡你心的孝於兄長但盡你心的敬於鄉黨鄰里宗族親戚但盡你心的

謙和恭順，見人怠慢，不嗔怪；見人財利，不要貪圖。但在裏面行你那是的心，莫行你那非的心。縱使外面人說你是，也不須聽；說你不是，也不須聽。茂時首肯拜謝。你口不能言是非，省了多少閑是非；你耳不能聽是非，省了多少閑是非。凡說是非，便生是非；生煩惱，聽是非，便添是非，添煩惱。你口不能說，你耳不能聽，省了多少閑是非，省了多少閑煩惱，你比別人到快活自在了許多。茂時扣肯，指天躃地。我如今教你，但終日行你的心，不消口裏說；但終日聽你的心，不消耳裏聽。茂時稽首再拜而去。

書欒惠卷　庚辰

欒子仁訪予於虔舟遇於新淦嗟乎子仁久別之懷玆亦不足爲慰乎顧玆簿領紛沓之地雖固道無不在然非所以從容下上其議時也子仁歸矣乞骸之疏已數上行且得報子仁其候我於桐江之滸將與子盤桓於雲門若耶閒有日也聞子仁之居鄉嘗以鄉約善其族黨固亦仁者及物之心（時有妬忌鄉約者故言之）然非子仁所汲汲孔子云言忠信行篤敬雖蠻貊之邦行矣然必立則見其參於前在輿則見其倚於衡也而後行子仁其務立參前倚衡之誠乎至誠而不動者

未之有也不誠未有能動者也聊以是爲子仁别云之贈

書顧維賢卷　辛巳

維賢以予將遠去持此卷求書警戒之辭只此警戒二字便是予所最丁寧者今時朋友大患不能立志是以因循懈弛散漫度日若立志則警戒之意當自有不容已故警戒者立志之輔能警戒則學問思辯之功切磋琢磨之益將日新又新沛然莫之能禦矣程先生云學者爲氣所勝習所奪只好責志又云凡爲詩文亦喪志又言且省外事但明乎善惟盡誠心

其文章雖不中不遠矣所守不約泛濫無功學問之道四書中備矣後儒之論未免互有得失其得者不能出於四書之外失者遂有毫釐千里之謬故莫如專求之四書四書之言簡實苟以忠信進德之心求之亦自明白易見與不善人居如入鮑魚之肆久而不覺其臭則與之俱化孔子大聖尚賴三益之資致三損之戒吾儕從事於學顧隨俗同污不思輔仁之友欲求致道恐無是理矣非笑詆毀聖賢所不免伊川有涪州之行孔子尚微服過宋今日風俗益偷人心日以淪溺有欲自立違俗拂衆指摘非笑紛然而

也勢所必至亦多由所養未深尙自標榜所致學者便不當自立門戶以招謗速毀亦不當故避非毀同流合汚維賢溫雅朋友中最爲難得似亦微失之弱恐詆笑之來不能無動纔爲所動即依阿隱忍久將淪胥以溺每到此便須反身痛自切責爲己之志未能堅定亦便志氣激昂奮發但知明己之善立己之誠以求快足乎己豈暇顧人非笑指摘故學者只須責自家爲己之志未能堅定志苟堅定則非笑詆毀不足動搖反皆爲砥礪切磋之地矣今時人多言人之非毀亦當顧恤此皆隨俗習非之久相沿其說莫

知以爲非不知裡許盡是私意爲害不小不可以不察也

壁帖 壬午

守仁鄙劣無所知識且在憂病奄奄中故凡四方同志之辱臨者皆不敢相見或不得已而相見亦不敢有所論說各請歸而求諸孔孟之訓可矣夫孔孟之訓昭如日月凡支離決裂似是而非者皆異說也有志於聖人之學者外孔孟之訓而他求是舍日月之明而希光於螢爝之微也不亦繆乎有負遠來之情聊此以謝荒迷不次

書王一爲卷 癸未

王生一爲自惠負笈來學，居數月，皆隨衆叅謁，默然未嘗有所請。視其色，津津若有所喜然。一日，衆皆退，乃獨復入堂下而請曰：「致知之訓，千聖不傳之秘也，一爲既領之矣，敢請益乎？」曰：「千丈之木，起於膚寸之萌芽。子謂膚寸之外無所益歟？則何以至於千丈？子謂膚寸之外有所益歟？則膚寸之外，子將何以益之？」一爲躍然起拜曰：「聞教矣。」又三月，思其母老於家，告歸省視，因書以與之。

書徐汝佩卷

壬午之冬汝佩別予北上赴南宮試已而門下士有自京來者告予以汝佩因南宮策問若陰詆夫子之學者不對而出遂浩然東歸行且至矣予聞之蹶然不樂者久之士曰汝佩斯舉有志之士莫不欽仰歆服以爲自尹彥明之後至今而始再見者也夫人離去其骨肉之愛齎粮束裝走數千里以赴三日之試將竭精弊力惟有司之好是投以蘄一日之得希終身之榮斯人人之同情也而汝佩於此獨能不爲其所不爲不欲其所不欲斯非其有見得思義見危授命之勇其孰能聲音笑貌而爲此乎是心也固富貴

不能滛貧賤不能移威武不能屈者矣將夫子聞之躍然喜顯然而嘉與之也而顧黯然而不樂也何居乎子曰非是之謂也士曰然則汝佩之爲是舉也尚亦有未至歟豈以汝佩骨肉之養旦且暮所不給無亦隨時順應以少蘇其貧困也乎若是則汝佩之志荒矣乎子曰非是之謂也士曰然則何居乎子黙然不應士不得問而退他日汝佩既歸士徃問於汝佩曰向吾以子之事問於夫子矣夫子黯然而不樂乎云云而夫子云云也子以爲奚居汝佩曰始吾見發策者之陰詆吾夫子之學也蓋怫然而怒憤然而不平

以爲吾夫子之學則若是其簡易廣大也吾夫子之
言則若是其直切著明也吾夫子之心則若是其仁
恕公普也夫子憫人心之陷溺若已之墮於淵壑也
冒天下之非笑詆詈而日諄諄焉亦豈何求於世乎
而世之人曾不覺其爲心而相嫉媢詆毀之若是若
是而吾尚可與之並立乎已矣吾將從夫子而長往
於深山窮谷耳不與之相聞而目不與之相見斯已
矣故遂浩然而歸歸途無所事事始得專心致志沈
潛然吾夫子致知之訓心平氣和而良知自發然後
黯然而不樂曰嘻噫乎吾過矣士曰然則子之爲是

也果尚有所不可歟汝佩曰非是之謂也吾之爲是
也亦未不可而所以爲是者則有所不可也吾語子
始吾未見夫子也則聞夫子之學而亦嘗非笑之矣
詆毀之矣及見夫子親聞良知之誨恍然而大寤醒
油然而生意願始自痛悔切責吾不及夫子之門則
幾死矣今雖知之甚深而未能實諸己也信之甚篤
而未能孚諸人也則猶未免於身過者也而遽爾責
人若是之峻且彼蓋未嘗親承吾夫子之訓也使得
親承焉又焉知今之非笑詆毀者異日不如我之痛
悔切責乎不如我之深知而篤信乎何忘己之困而

責人之速也夫子冐天下之非笑詆毀而曰諄諄然
惟恐人之不入於善而我則反之其間不能以寸矣
夫子之頹然而不樂也盖所以愛珊之至而憂珊之
深也雖然夫子之心則又廣矣大矣微矣幾矣不睹
不聞之中豈能盡以語子也汝佩見備以其所以
告於士者爲問予領之而弗答默然者久之汝佩悚
然若有省也明日以此卷入請曰昨承夫子不言之
教珊傾耳而聽若震驚百里粗心浮氣一時俱丧矣
請遂書之

書朱守諧卷 丙申

守諧問爲學予曰立志而已問立志予曰爲學而已守諧未達予曰人之學爲聖人也非有心爲聖人之志雖欲爲學誰爲學有其志矣而不日用其力以爲之雖欲立志亦烏在其爲志乎故立志者爲學之心也爲學者立志之事也譬之奕焉奕者其事也專心致志者其心一也以爲鴻鵠將至者其心二也惟奕秋之爲聽其事專也思援弓繳而射之其事分也守諧曰人之言曰知之未至行之不力予未有知也何以能行乎予曰是非之心知也人皆有之子無患其無知惟患不肯知耳無患其知之未至惟患不致其

知耳故曰知之非艱行之惟艱今執途之人而告之以凡爲仁義之事彼皆能知其爲善也告之以凡爲不仁不義之事彼皆能知其爲不善也途之人皆能知之而子有弗知乎知知其爲善也致其知爲善之知而必爲之則知至矣知知其爲不善也致其知爲不善之知而必不爲之則知至矣知猶水也人心之無不知猶水之無不就下也決而行之無有不就下者決而行之者致知之謂也此吾所謂知行合一者也吾子疑吾言乎夫道一而已矣

書諸陽伯卷　甲申

妻姪諸陽伯復請學既告之以格物致知之說矣他日復請曰致知者致吾心之良知也是旣聞敎矣然天下事物之理無窮果惟致吾之良知而可盡乎抑尚有所求於其外也乎復告之曰心之體性也性即理也天下寧有心外之性寧有性外之理乎寧有理外之心乎外心以求理此告子義外之說也理也者心之條理也是理也發之於親則爲孝發之於君則爲忠發之於朋友則爲信千變萬化至不可窮竭而莫非發於吾之一心故謂端莊靜一爲養心而以學問思辨爲窮理者析心與理而爲二矣若吾之說則

◎

端莊靜一亦所以窮理而學問思辨亦所以養心非謂養心之時無有所謂理而窮理之時無有所謂心也此古人之學所以知行並進而收合一之功後世之學所以分知行爲先後而不免於支離之病者也

曰然則朱子所謂如何而爲溫凊之節如何而爲奉養之宜者非致知之功乎曰是所謂知矣而未可以爲致知也知其如何而爲溫凊之節則必實致其溫凊之功而後吾之知始至知其如何而爲奉養之宜則必實致其奉養之力而後吾之知始至如是乃可以爲致知耳若但空然知其爲如何溫凊奉養而遂

謂之致知則孰非致知者耶易曰知至至之知至者知也至之者致知也此孔門不易之教百世以俟聖人而不惑者也

書張思欽卷　乙酉

三元張思欽元相將葬其親卜有日矣南走數千里而來請銘於予予之不爲文也乆矣辭之固而請弗已則與之坐而問曰子之乞銘於我也將以圖不朽於其親也則亦寧非孝子之心乎雖然子以爲孝子之圖不朽於其親也盡於是而已乎將猶有進於是者也夫圖之於人也則曷若圖之於子乎傳之於其

人之口也，則曷若傳之於其子之身乎？故子爲賢人也，則其父爲賢人之父矣；子爲聖人也，則其父爲聖人之父矣。其與托之於人之言也，孰愈？夫叔梁紇之名至今爲不朽矣，則亦以仲尼之爲子耶？抑亦以他人爲之銘耶？思欽蹙然而起，稽顙而後拜曰：元相非至於夫子之門，則幾失所以圖不朽於其親者矣。明日入而問聖人之學，則語以格致之説焉；求格致之要，則語之以良知之説焉。思欽躍然而起，拜而復稽曰：元相苟非至於夫子之門，則尚未知有其心，又何以圖不朽於其親乎？請歸葬吾親而來卒業於夫子

之門則庶幾其不朽之圖矣

書中天閣勉諸生　乙酉

雖有天下易生之物一日暴之十日寒之未有能生者也承諸君之不鄙每予來歸咸集於此以問學爲事甚盛意也然不能旬日之留而旬日之間又不過三四會一別之後輒復離群索居不相見者動經年歲然則豈惟十日之寒而已乎若是而求萌蘗之暢茂條達不可得矣故予切望諸君勿以予之去留爲聚散或五六日八九日雖有俗事相妨亦須破冗一會於此務在誘掖奬勸砥礪切磋使道德仁義之規

日親日近，則世利紛華之染亦日遠日疎，所謂相觀而善、百工居肆以成其事者也。相會之時，尤須虛心遜志，相親相敬。大抵朋友之交，以相下爲益。或議論未合，要在從容涵育，相感以誠，不得動氣求勝，長傲遂非。務在默而成之，不言而信。其或矜己之長，攻人之短，粗心浮氣，矯以沽名，訐以爲直，挾勝心而行憤嫉，以圮族敗群爲志，則雖日講時習於此，亦無益矣。諸君念之念之！

書朱守乾卷　乙酉

黄州朱生守乾請學而歸，爲書致良知三字。夫良知者即所謂是非之心人皆有之不待學而有不待慮而得者也人孰無是良知乎獨有不能致之耳自聖人以至於愚人自一人之心以達於四海之廣自千古之前以至於萬代之後無有不同是良知也者是所謂天下之大本也致是良知而行則所謂天下之達道也天地以位萬物以育將富貴貧賤患難夷狄無所入而弗自得也矣

書正憲扇 乙酉

今人病痛大段只是傲千罪百惡皆從傲上來傲則自高自是不肯屈下人故爲子而傲必不能孝爲弟而

傲，必不能弟，爲臣而傲，必不能忠，象之不仁，丹朱之不肖，皆只是一傲字，便結果了一生，做箇極惡大罪的人，更無觧救得處。汝曹爲學，先要除此病根，方才有地步可進。傲之反爲謙，謙字便是對症之藥，非但是外貌卑遜，須是中心恭敬，撙節退讓，常見自己不是，眞能虛己受人，故爲子而謙，斯能孝，爲弟而謙，斯能弟，爲臣而謙，斯能忠，堯舜之聖，只是謙到至誠處，便是允恭克讓，温恭允塞也。汝曹勉之敬之，其毋若伯魯之簡哉。

書魏師孟卷　乙酉

心之良知是謂聖聖人之學惟是致此良知而已自然而致之者聖人也勉然而致之者賢人也自蔽自昧而不肯致之者愚不肖者也愚不肖者雖其蔽昧之極良知又未嘗不存也苟能致之即與聖人無異矣此良知所以爲聖愚之同具而人皆可以爲堯舜者以此也是故致良知之外無學矣自孔孟既没此學失傳幾千百年賴天之靈偶復有見誠千古之一快百世以俟聖人而不惑者也每以啓夫同志無不躍然以喜者此亦可以驗夫良知之同然矣間有聽之而疑者則是支離之習沒溺既久先横不信之心

而然使能姑置其舊見而平氣以繹吾說蓋亦未有不憣然而悔悟者也南昌魏氏兄弟舊學於予既皆有得於良知之說矣其季良貴師孟因其諸兄而來請其資稟甚頴而意向甚篤然以借計北上不得久從於此吾雖畧已言之而未能悉也故特書此以遺之

書朱子禮卷　甲申

子禮爲諸暨宰問政陽明子與之言學而不及政子禮退而省其身懲已之忿而因以得民之所惡也窒已之慾而因以得民之所好也舍己之利而因以得

民之所趨也惕己之易而因以得民之所忽也去己之蠹而因以得民之所患也明己之性而因以得民之所同也三月而政擧嘆曰吾乃今知學之可以爲政也已他日又見而問學陽明子與之言政而不及學子禮退而修其職平民之所惡而因以懲己之忿也從民之所好而因以窒己之慾也順民之所趨而因以舍己之利也警民之所忽而因以惕己之易也拯民之所患而因以去己之蠹也復民之所同而因以明己之性也期年而化行嘆曰吾乃今知政之可以爲學也已他日又見而問政與學之要陽明子曰

明德親民一也古之人明明德以親其民親民所以明其明德也是故明明德體也親民用也而止至善其要矣乎禮退而求至善之說炯然見其良知焉曰吾乃今知學所以爲政而政所以爲學皆不外乎良知焉信乎止至善其要也矣

書林司訓卷　甲戌

林司訓年七十九矣走數千里謁予於越予憫其旣老且貧媿無以爲濟也嗟乎昔王道之大行也分田制祿四民皆有定制壯者修其孝悌忠信老者衣帛食肉不負戴於道路死徙無出鄉出入相友疾病相

扶特烏有耄耋之年而猶走衣食於道路者乎周衰而王迹熄民始有無恒產者然其時聖學尚明士雖貧困猶有固窮之節里閭族黨猶知有相恤之義逮其後世功利之說日浸以盛不復知有明德親民之實士皆巧文博詞以飾詐相規以僞相軋以利外冠裳而內禽獸而猶或自以爲從事於聖賢之學如是而欲挽而復之三代嗚呼其難哉吾爲此懼揭知行合一之說訂致知格物之謬思有以正人心息邪說以求明先聖之學庶幾君子聞大道之要小人蒙至治之澤而嘵嘵者皆視以爲狂惑喪心詆笑訾怒予

亦不自知其力之不足曰擠於顛危莫之救以死而不顧也不亦悲夫予過彭澤時嘗憫林之窮使邑令延爲社學師至是又失其業於歸也不能有所資給聊書此以遺之

書黄夢星卷 丁卯

潮有處士黄翁保號坦夫者其子夢星來越從予學越去潮數千里夢星居數月輒一告歸省其父去二三月輒復來如是者屢屢夢星質性温然善人也而甚孝然禀氣差弱若不任於勞者竊怪其乃不憚道途之阻遠而勤苦無已也因謂之曰生既聞吾說可

以家居養親而從事矣奚必徃來跋涉若是乎夢星跽而言曰吾父生長海濵卯慕聖賢之道而無所從求入既乃獲見吾鄉之薛楊諸子者得夫子之學與聞其說而樂之遡以責夢星曰吾衰矣吾不希汝業舉以干禄汝但能若數子者一聞夫子之道焉吾雖啜粥飲水死塡溝壑無不足也矣夢星是以不遠數千里而來從每歸省求爲三月之留以奉菽水不許則求爲踰月之留亦不許居未旬日即已具資糧戒童僕促之啓行夢星涕泣以請則責之曰唉兒女子欲以是爲孝我乎不能黄鵠千里而思爲翼下之雛徒

使吾心益自苦故亟遊夫子之門者固夢星之本心然不能久留於親側而倏往倏來吾父之命不敢違也予曰賢哉處士之爲父孝哉夢星之爲子也勉之哉卒成乃父之志斯可矣今年四月上旬其家忽使人來訃云處士沒矣嗚呼惜哉嗚呼惜哉聖賢之學其久見棄於世也不啻如土苴苟有言論及之則衆共非笑詆斥以爲恠物惟世之號稱賢士大夫者乃始或有以之而相講究然至考其立身行己之實與其平日家庭之間所以訓督期望其子孫者則又未嘗不汲汲焉惟功利之爲務而所謂聖賢之學者則

徒以資其談論粉飾文具於其外如是者常十而八九矣求其誠心一志實以聖賢之學督教其子如處者可多得乎而今亡矣豈不惜哉豈不惜哉阻遠無由往哭遥寄一奠以致吾傷悼之懷而叙其遣子從學之故若此以風勵夫世之爲父兄者亦因以益勵夢星使之務底於有成以無忘乃父之志右二月望日書夢星卷

陽明先生文録卷之九

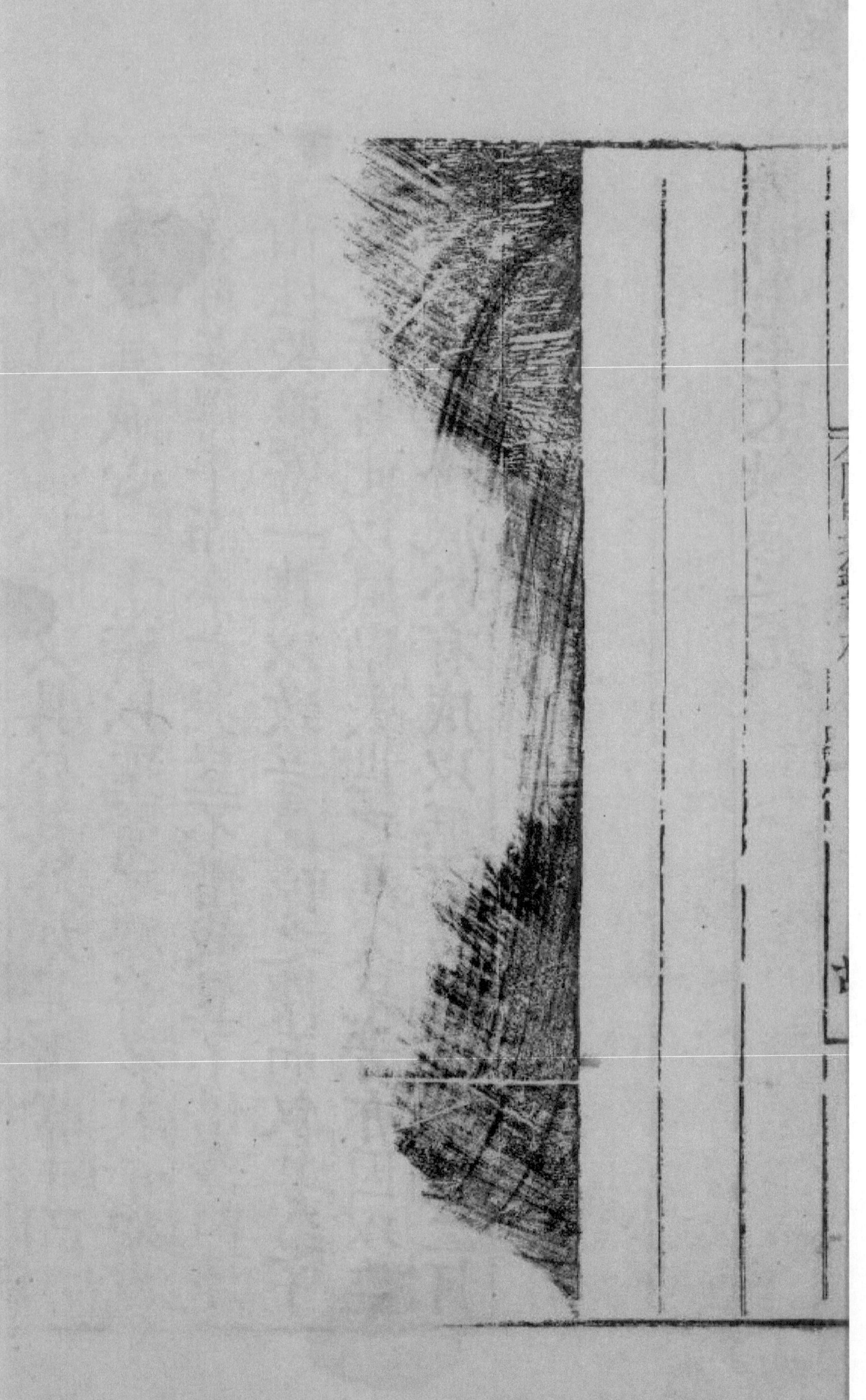

陽明先生文録卷之十

墓誌銘　墓表　墓碑　傳　碑　贊　箴　祭文

易直先生墓誌　壬戌

易直先生卒鄉之人相與哀思不已從而纂述其行以誄之曰嗚呼先生之道諒易平直内篤於孝友外孚於忠實不戚戚於窮不欣欣於得翦徹厓幅於物無牴于于施施率意任眞而亦不干於禮藝學積行將施于邦六舉於鄉竟弗一獲以死嗚呼傷哉自先生之沒鄉之子弟無所式爲善者無所倚談經究道者莫與考論含章秘迹林棲而澤遁者莫與遨遊以

處天胡奪吾先生之速耶先生姓王名袞字德章古者賢士死則有以易其號今先生沒且三年而猶襲其常稱其謂鄉人何盍相與私謚之曰易直於是先生之姪守仁聞而泣曰叔父有善吾子姪弗能紀述而以辱吾之鄉老亦奚爲於子姪請得誌諸墓嗚呼吾宗江左以來世不乏賢自吾祖竹軒府君以上凡積德累仁者數世而始發於吾父龍山先生叔父生而勤修砥礪能協成吾父之志人謂相繼而興以昌王氏者必在叔父而又竟止於此天意果安在哉叔母葉孺人先叔父十有三年卒生二子守禮守信繼

孺人方氏生一子守恭叔父之生以正統巳巳十月戊午得壽四十有九而以弘治戊午之八月廿三卒卒之歲太夫人岑氏方就養於京泣曰須吾歸視其柩於是壬戌正月太夫人自京歸始克以十月甲子葬叔父於邑東宂湖山之陽南去竹軒府君之墓十武而近去葉孺人之墓十武而遥未合葬蓋有所俟也

陳處士墓誌銘　癸亥

處士諱泰字思易父剛祖仲彰曾祖勝一世居山陰之錢清剛戍遼左娶馬氏生處士正統甲子處士生

十五年矣始從其父自遼來歸當是時陳錐巨族然巳三世外戍基業凋廢殆盡處士歸與其弟耕於清江之上數年遂復其故處士狷介純篤處其鄉族親黨無内外少長戚疎朴直無委曲又好面折人過不以毛髮假借不爲斬險刻削故其生也人爭信憚其死也莫不哀思之處士於書史僅涉獵不專於文敦典崇禮務在躬行郡中名流以百數皆雕繪藻飾熻熠以賈聲譽然稱隱逸之良必於處士皆以爲有先太丘之風焉弘治癸亥正月庚寅以疾卒年七十二九月巳丑其子琢卜葬于郡西之迴龍山初處士與

同郡羅周管士弘朱張弟涎友以善交稱成化間涎以歲貢至京某時爲童子聞涎道處士心竊慕之至是歸求其廬則旣死矣涎姪孫節與予遊以世交之誼爲處士請銘且曰先生於處士心與之久矣即爲之銘亦延陵掛劒之意耶予曰諾明日與琢以狀來請惟陳氏世有顯聞剛之代父戍遼也甫年十四主帥壯其爲人召與語大說遂留叅幙下累立戰功出奇計當封賞輒爲當事者沮抑竟死牖下處士亦狀貌魁岸幼習邊機論詩根核的然可施於用性孝友屬其家多難收養其弟姪之孤援拾扶持不忍舍去

遂終其身瑑亦能詩有行次子玠三孫徠衡級皆向
於學夫屢抑其進其後將必有昌者銘曰嗟惟處士
敦朴厚堅猶玉在璞其輝熠然秉義揭仁鄉之司直
邈矣太丘其孫孔式　胡遽而逝其人則亡
德音孔邇鄉人相告毋或而弛無寧處士愧其孫子
迴龍之崗其鬱有蒼毋爾翦伐處士所藏

平樂同知尹公墓誌銘　癸亥

尹自春秋爲著姓降及漢唐代不乏賢至宋而太常
博士源中書舍人洙及其孫焞皆以道學爲世名儒
其後有爲點檢者自洛徙越之山陰迨公七世矣公

父達祖性中曾祖齊賢皆有聞於鄉公生十八年選
爲郡庠弟子以詩學知名遠近從之遊者數十往往
取高第躋顯級而公乃七試有司不偶天順年　詔
求遺才可經濟大用者於是有司以公應　詔而公
亦適當貢遂卒業大學成化某甲子授廣西南寧通
判時部中久苦猺患方議發兵入情洶洶公至請守
得緩旬日稍圖之乃单騎入猺硐呼酋長與語諸酋
倉卒不暇集謀相與就公問所由來公曰斯行爲爾
曹乞生無他疑也因爲具陳禍福言辯爽慨諸酋感
動顧謂其黨曰何如皆曰願從使君言遂相率羅拜

定約而出尋督諸軍討木頭等硐皆捷大臣交章薦公可大用庚子擢同知平樂府事平樂地皆嶄山互壑猺憑險出没深翳非時剽掠居民如處穽中動慮機觸不敢輕往來農末俱廢聞公至喜曰南寧尹使君來吾無恐耳已居月餘公從土著間行巖谷盡得其形勢縱火悉焚林薄猺失藉潰散公因盡築城堡要害據守猺來無所匿從高巔遠覘嘆息踟躕而去蓋自是平樂遂爲安土居三年憂以老請輒爲民所留弘治改元以慶賀赴京師力求致仕以歸家居十四年乃卒得壽若干公性孝友淳篤自其貧賤時即

委產三弟拾取其遺少壯以老雖盛暑急遽未嘗見其不以祇服與物熙然無牴至其莅官當事奮毅敢直析法繩理勢悍無所撓避廢錢古長者而今亡矣先後娶陳氏朱氏殷氏子騏孫公貫公榮卒之又明年癸亥將葬騏以幣狀來姚請銘某幼去其鄉聞公之為人恨未嘗從之遊銘固不辭也公諱浦字文淵葬在郡東保山合殷氏之兆銘曰赫赫尹氏望於宗周源洙比頫焞暢厥休自洛徂越公啓其閭君子之澤十世未斬篤敬忠信蠻貊以行一言之烈雄於九軍豈惟威儀式其黨里豈惟友睦篤其昆弟彼保之

陽維石巖巖尹公之墓今人所瞻

徐昌國墓誌 辛未

正德辛未三月丙寅太學博士徐昌國卒年三十三士夫聞而哭之者皆曰嗚呼是何促也或曰孔門七十子顏子最好學而其年獨不永亦三十二而亡說者謂顏子好學精力瘁焉夫顏雖旣竭吾才然終日如愚不改其樂也此與世之謀聲利苦心焦勞患得患失逐逐終其身耗勞其神氣奚啻百倍而皆老死黃馘此何以辯哉天於美質何生之甚寡而壞之特速也夫騏驥以夜出涼風至而玄鳥逝豈非凡物之

盛衰以時乎夫嘉苗難植而易槁之榮不踰旬蔓草雜而益繁鴟梟虺蝮遍天下而麟鳳之出間世一睹焉商周以降清淑日澆而濁穢薰積天地之氣則有然矣於昌國何疑焉始昌國與李夢陽何景明數子友相與砥礪於辭章既殫力精思傑然有立矣一日諷道書若有所得嘆曰弊精於無益而忘其軀之斃也可謂知乎巧辭以希俗而捐其親之遺也可謂仁乎於是習養生有道士自西南來昌國與語悅之遂究心玄虛益與世泊如謂長生可必至正德庚午冬陽明王守仁至京師守仁故善數子而亦嘗沒溺於

僊釋昌國喜馳往省與論攝形化氣之術當是時增城湛元明在坐與昌國言不協意沮去異日復來論如初守仁笑而不應因留宿曰吾授異人五金八石之秘服之冲舉可得也子且謂何守仁復笑而不應迺曰吾隳黜吾昔而游心高玄塞兊斂華而靈株是固斯亦去之兢兢於世遠矣而子猶余拒然何也守仁復笑而不應於是黙然者久之曰子以予爲非邪抑文有所秘邪夫居有者不足以超無踐器者非所以融道吾將去知故而宅於埃𡏖之表子其語我乎守仁曰謂吾爲有秘道固無形也謂吾謂子非予求

吾是也雖然試言之夫去有以超無無將奚超矣外器以融道道器爲偶矣而固未嘗超乎而固未嘗融乎夫盈虛消息皆命也纖巨內外皆性也隱微寂感皆心也存心盡性順夫命而已矣而奚所趨舍於其間乎昌國首肯良久曰冲舉有諸守仁曰盡鳶之性者可以冲於天矣盡魚之性者可以泳於川矣曰然則有之曰盡人之性者可以知化育矣昌國僥而思蹶然而起曰命之矣吾且爲萌甲吾且爲流澌子其煦然屬我以陽春哉數日復來謝曰道果在是而奚以外求吾不遇子幾亡人矣然吾疾且作懼不足以

致遠則何如守仁曰悖乎曰生寄也死歸也何悖津
津然旣有志於斯已而不見者踰月忽有人來訃昌
國逝矣王湛二子馳往哭盡哀因商其家事其長子
伯虬言昌國垂歿整衽端坐託徐子容以後事子容
泣昌國笑曰常事耳謂伯虬曰墓銘其請諸陽明氣
益微以指畫伯虬掌作冥冥漠漠四字餘遂不可辯
而神志不亂嗚呼吾未竟吾說以待昌國之及而昌
國乃止於是吾則有憾焉臨歿之託又可負之昌國
名禎卿世姑蘇人始舉進士爲大理評事不能其職
於是以親老求改便地爲養當事者目爲好異抑之

已而降爲五經博士故雖爲京官數年卒不獲封其親以爲憾所著有談藝録古今詩文若干首然皆非其至者昌國之學凡三變而卒乃有志於道墓在虎丘西麓銘曰惜也昌國吾見其進未見其至早攻聲詞中廼謝棄脱淖垢濁修形鍊氣守靜致虛恍若有際道幾朝聞遐夕先逝不足者命有餘者志璞之未琢豈方頑礪隱埋山澤有虹其氣後千百年曷考斯誌

凌孺人楊氏墓誌銘　乙亥

古之葬者不封不樹葬之有銘非古矣然必其賢者

也然世之皆有銘也亦非古矣而婦人不特銘婦人之特銘也則又非古矣然必其賢者也賢而銘雖婦人其可哉是故非其人而銘之君子不與也銘之而非其實君子不爲也吾於銘人之墓也未嘗敢以易至於婦人而加審焉必有其證矣凌孺人楊氏之銘也曷證哉證於其夫之狀證於其子之言證於其鄉人之所傳其賢者也孺人之夫爲封監察御史凌公石巖諱雲者也石巖之狀謂孺人爲通懷遠將軍之曾孫女茂年十八而来歸姑舅愛之族黨稱之鄉閭則之不悉數其行則賢可知矣子僉憲相予同年賢

也地官員外郎楷又賢也孺人之慈訓存焉相嘗為予言孺人之賢十餘年矣與今石巖之狀同也吾鄉之士遊業於通者以十數稱通之巨族以凌氏為最凌氏之賢以石巖為最則因及於孺人之內助其所稱舉與今之狀又同也夫夫或溺譽焉予或溢美焉吾鄉人之言不要而實契斯又何疑矣孺人之生以正統丁卯十二月九日卒於正德癸酉十一月九日壽盖六十七男四長即相次棋早卒次即楷次栻女二孫男八女三曾孫男一女一相將以乙亥正月內丙寅附葬孺人於祖塋之左而格於其次廼以石巖

之狀來請銘且問葬合葬非古也周公以來未之有改也先孺人附於祖塋之左昭也家君百歲後將合焉葬左則疑於陽虛右則疑於陰君之何則可予曰附也則祖爲之尊左陽右陰也陽兼陰而主變者也陰從陽而主常者也陽在左則居左而在右則居右陰在左則從左而在右則從右其虛右而從左乎於是孺人之葬虛右而從左銘曰孺人之賢予豈究知知子若夫鄉議是符如彼作室則觀其隅彼昏懵懵謂予盡誣狼山之西祖塋是依左藏右虛孺人之居

登仕郎馬文重墓誌銘　丙子

浦漢臺里有馬翁者長身而多知涉書史少喜談兵交四方之賢指畫山川道里弛張闔闢自謂功業可掉臂取嘗登芒碭山左右眺望嘻吁慷慨時人莫測也中年從縣司辟爲掾已得選忽不愜復遂棄去授登仕郎歸與家人力耕致饒富輙以散其族黨鄉鄰葬死恤孤賑水旱修橋梁惟恐有間既老乃益循飭邑人望而尊之以爲大賓焉年八十六正德丙子四月三日無疾而卒長子思仁時爲鴻臚司儀署丞勤而有禮予既素愛之至是聞父喪慟毀幾絶以狀來請予銘又哀而力遂不能辭按狀翁名琢字文重父

某祖某曾某皆有隱德子男若干人女若干人以是年某月某日葬祖塋之側爲之銘曰豐沛之間自昔多魁若漢之蕭曹使不遇高祖乘風雨之會固將老終其身於刀筆之間世之懷奇不偶無以自見於時名湮沒而不著者何可勝數若翁者亦其人非耶然考其爲迹亦異矣嗚呼千里之足困於伏櫪連城之珎或混瓦礫不琢其章於璧何傷不駕以驥奚損於良嗚呼馬翁茲焉永臧

明封刑部主事浩齋陸君墓碑誌　丙子

封君之葬也子瀅毁甚失明病不能事事以間於陽

明子曰吾湖俗之葬也咸竭資以盛賓客至於毀家不則以爲儉其親也不肖孤則何費之敢靳大懼疾之不任遂底於顛殞以重其不孝敢請巳之如何陽明子曰不亦善乎棺槨衣衾之得爲也者君子不以儉其親猶湖俗之所尚是以其親遂非而導後也又況以殆其遺體乎吾子巳之既葬而以禮告人豈有非之者將湖俗之變必自吾子始矣一舉而三善吾予其巳之既而復以誌墓之文請陽明子辭之不得則謂之曰誌墓非古也古之葬者不封不樹孔子之葬其親也自以爲東西南北之人不可以無識也而

封之崇四尺其於季札之葬則爲之識曰有吳延陵季子之墓後之誌者若是焉可矣而内以誣其親外以誣於人是故君子耻之吾子志於賢聖之學苟卒爲賢聖之歸是使其親爲賢聖者之父也誌孰大焉吾子曷已之封君之存也嘗以其田二頃給吾黨之貧者以資學是於斯文爲有襄也而又重以吾子之好無已則如夫子之於札也乎因爲之題其識墓之石曰　皇明封刑部主事浩齋陸君之墓而書其事於石之陰君諱璩字文華湖之歸安人墓在樊澤子澄舉進士方爲刑部員外郎澄之兄曰津

贈翰林院編修湛公墓表　王中

嗚呼聖學晦而中行之士鮮矣世方尊阿爲工方特爲厲紛縱倒置孰定是非之歸哉昔公治長在縲絏之中仲尼明非其罪匡章通國稱不孝孟子辯之夫然後在所禮貌焉剛狷振礪之士獨行違俗爲世所娟嫉卒以傾廢踣墮又浼以非其罪者可勝道哉予讀愴菴誌而悲之怡菴湛公英者廣之增城人介直方嚴刻行砥俗鄉之善良咸服信取則倚以扶弱禦侮然不辭色少貸人面斥人過惡至無所容狡獪之徒動見矯拂嫉視如讎聚謀必覆公於惡毋使抗吾

爲公直行其心不顧竟爲所搆誣憤發病以死公既
死其徒惡益行鄉之人遂皆謂湛公行義顧報戾其
施而惡者自若吾儕何以善爲後十餘年爲奸者貫
盈顛滅浸盡而公子若水求濂洛之學爲世名儒舉
進士官國史編修推原尋繹公德益用表著　朝廷
贈官如子日顯赫竦耀鄉人相與追嗟慕嘆爲善之
報何如向特未定耳嗚呼古有狷介特行之士直志
犯衆惡之死靡悔湛公殆其人非邪向使得志立朝
當大節其肯俛首爲奸人僕役呴濡喘息以蘄緩須
臾死其不能矣夫脂韋佞悅亦何能緩急有毫毛之

賴爲國者當何取哉予悲斯人之不遇而困重有所感也昔者君子顯微闡幽以明世警瞶信暴者無庸揚矣彼忞然就抑蒙溷垢而弗雪其可以無表而出之

節菴方公墓表 乙酉

蘇之崑山有節菴方翁麟者始爲士業舉子已而棄去從其妻家朱氏居朱故業商其友曰子乃去士而從商乎翁笑曰子烏知士之不爲商而商之不爲士乎其妻家勸之從事遂爲郡從事其友曰子又去士而從從事乎翁笑曰子又烏知士之不爲從事而從

事之不爲士乎居久之嘆曰吾憤世之碌碌者刀錐利祿而屑爲此以矯俗振頹乃今果不能爲益也又復棄去會歲歉盡出其所有以賑饑乏　朝廷義其所爲榮之冠服後復遥授建寧州吏目翁視之蕭然若無與與其配朱竭力農耕植其家以士業授二子鵬鳳皆舉進士歷官方面翁既老日與其鄉士爲詩酒會鄉人多能道其平生皆磊磊可異顧太史九和云吾嘗見翁與其二子書亹亹皆忠孝節義之言出於流俗類古之知道者陽明子曰古者四民異業而同道其盡心焉一也士之修治農以具養工以利器

商以通貨各就其資之所近力之所及者而業焉以求盡其心其歸要在於有益於生人之道則一而已士農以其盡心於修治具養者而利器通貨猶其士與農也工商以其盡心於利器通貨者而修治具養猶其工與商也故曰四民異業而同道蓋昔舜敘九官首稷而次契垂功益虞先於夔龍商周之代伊尹耕於莘野傅說板築於巖膠鬲舉於魚鹽吕望釣於磻渭百里奚處于市孔子爲乘田委吏其諸儀封晨門荷蕢斲輪之徒皆古之仁聖英賢高潔不群之士書傳所稱可考而信也自王道熄而學術乖人失其

心交騖於利以相驅軼於是始有歆士而卑農榮宦遊而耻工賈夷考其實射時罔利有甚焉特異其名耳極其所趨駕浮辭詭辯以誣世惑衆比之具養器貨之益罪浮而實反不逮吾觀方翁士商從事之喻隱然有當於古四民之義若有激而云者嗚呼斯義之亡也久矣翁殆有所聞歟抑其天質之美而默有契也吾於是而重有所感焉吾嘗獲交於翁二子皆頹然敦古道敏志於學其居官臨民務在濟世及物求盡其心吾以是得其源流故爲之論著之云耳翁既殁葬於邑西焉鞍山之麓配朱孺人有賢行盖合

葬焉鄉人爲表其墓曰明贈礼部主事節菴方公之墓嗚呼若公者其亦可表也矣

湛賢母陳太孺人墓碑 甲戌

湛子之母卒於京師葬於增城陽明子迎而弔諸龍江之滸已湛子泣曰若水之辱於吾子蓋人莫不聞吾母歿而子無一言人將以病子陽明子曰銘者爲之銘矣表者爲之表矣其何言雖善良亦無以紓吾情吾聞太孺人之生七十有九其在孀居者餘四十年端靖嚴潔如一日既老雖其至親卑幼之請謁見之未嘗踰閾也不亦貞乎績蔴舂染教其子以顯嘗

使從白沙之門曰學聖人而未至也不亦知乎恤其庶姑與其庶叔化屬爲順撫孤與女愛不違訓不亦慈乎已贈封錫禄養備至而縞衣疏食不改其初不亦儉乎貞知慈儉老而彌堅不亦賢乎請著其石曰湛賢母之墓湛子拜泣而受之既行人曰湛母之賢信矣若湛子之賢則吾猶有疑焉湛子始以其母之老不試者十有三年是也復出而取上第爲美官則何居母亦老矣又去其鄉而迎養既歸復往卒於旅則何居陽明子曰是烏足以疑湛子矣夫湛子純孝人也事親以老於畎畝其志也其出而仕母命之

也其迎之也母欲之也既歸而復往母泣而強之也是能無從乎無大拂於義將東西南北之惟命彼湛子者亦豈以人之譽毀於外者以易其愛親之誠乎曰湛子而是則湛母非歟曰烏足以非湛母矣夫湛父之早世也屬其子曰必以顯吾世故命之出者行其夫之志也就之養者安其子之心也強之往者勉其子之忠以卒其夫之願也昔者孟母斷機以勵其子蓋不歸者幾年君子不以孟子爲失養孟母爲非訓今湛母之心亦若此而湛子又未嘗違乎養也故湛母賢母也湛子孝子也然猶不免於世惑吾雖欲

無言也可得乎

程守夫墓碑　甲申

吾友程守夫以弘治丁巳之春卒於京去今嘉靖甲申二十有八年矣嗚呼朋友之墓有宿草則勿哭而吾於君尚不能無潸然也君之父味道公與家君爲同年進士相知甚厚故吾與君有通家之誼弘治壬子又同舉於鄉已而又同卒業於北雍密邇居者四年有餘凡風雪之晨花月之夕山水郊園之遊無不與共蓋爲時甚久而爲迹甚密也而未嘗見君有憤詞忤色情日益篤禮日以恭其在家庭雍雍于于內

外無間交海内之士無貴賤少長咸敬而愛之雖粗鄙暴悍遇君未有不薰然而心醉者當是時予方馳鶩於舉業詞章以相矜高爲事雖知愛重君而尚未知其天資之難得也其後君既殁予亦入仕往往以粗浮之氣得罪於人稍知創艾始思君爲不可及尋謫貴陽獨居幽寂窮苦之鄉困心衡慮乃從事於性情之學方自苦其勝心之難克而客氣之易動又見夫世之學者率多娼嫉險隘不能去其有我之私以共明天下之學成天下之務皆起於勝心客氣之爲患也於是愈益思君之美質蓋天然近道者惜乎當

時莫有以聖賢之學啓之者其油然順道將如決水之赴壑矣嗚呼惜哉乃今稍見端緒有足以啓君者而君巳不可作也巳君之子國子生烓致君臨沒之言欲予與林君利瞻爲之表誌林君旣爲之表而君之葬巳久誌巳無所及則爲書其墓之碑聊以識吾之哀思夫君者不徒嬉遊征逐之好而巳君諱文楷世居嚴之淳安其詳巳具於墓表

太傅王文恪公傳　丁亥

公諱鏊字濟之王氏其先自汴扈宋南渡諱百八者始居吳之洞庭山曾祖伯英祖惟道考光化知縣朝

用皆　贈光祿大夫柱國少　傅兼太子太傅户部尚書武英殿大學士妣三代皆　一品夫人公自幼頴悟不凡十六隨父讀書太學太學諸生爭傳誦其文一時先達名流咸屈年行求爲　友侍郎葉文莊提學御史陳士賢咸有重望于時見而奇之曰天下士於是名聲動遠邇成化甲午應天　鄉試第一主司異其文曰蘇子瞻之流也録其論策不易一字乙未會試復第一入奉　廷對衆望翕然執政忌其文乃置一甲第三時論以爲屈授翰林編修閉門力學避遠權勢者將浼焉九載陞侍講　憲朝實録成陞右諭德尋

薦爲侍講學士兼日講官每進講至天理人欲之辯君子小人之用舍必反覆規諭務盡啓沃方春　上遊後苑左右諫不聽公講文王不敢盤于遊田　上爲罷遊講罷常召所幸廣戒之曰今日講官所指殆爲若等好爲之時　東宮將出閣大臣請選正人以端國本首薦用公以本官兼諭德尋陞少詹事兼侍講學士旣而吏部闕侍郎又遂以爲吏部時北虜入寇公上籌邊八事雖忤權倖而卒多施行公輔之望日隆於是災異內閣謝公引咎求退遂舉公以自代武宗在亮闇內侍八人荒遊亂政臺諫交章中外洶

[illegible]公協韓司徒率文武大臣伏闕以請　上大驚怒
有旨召公等至左順門中官傳諭甚厲衆相視莫敢
發言公曰八人不去亂本不除天下何由而治論議
侃侃韓亦危言繼之中官語塞一時國論倚以爲重
然自是八人者竟分布要路瑾入柄司礼而韓公遂
逐内閣劉謝二公亦去矣　詔補内閣鈌瑾意欲引
冢宰焦衆議推公瑾雖中忌而外難公論遂與焦俱
入閣瑾方威鉗士類按索微瑕輒枷械之幾死者累
累公亟言於瑾曰士大夫可殺不可辱今既辱之又
殺之吾尚何顔於此由是類從寛釋瑾嘲韓不已必

欲置之死無敢言者又欲以他事中内閣劉謝二公前後力救之乃皆得免大司馬華容劉公以瑾舊怨建至京將坐以激變土官岑氏罪死公曰岑氏未叛何名為激變乎劉得減死戍惡石淙楊公於瑾謂其築邊太費屢以為言公曰楊有高才重望為國修邊乃可以功為罪乎瑾議焚廢后吳氏之喪以滅迹曰不可以成服公曰服可以不成葬不可以苟景泰汪妃薨疑其礼公曰妃廢不以罪宜復其故號葬以妃以后皆從之當是時瑾權傾中外雖意不在公然公開誠與言初亦聞聽及焦專事媕阿議彌不協

而瑾驕悖日甚毒流縉紳公遏之不能得居常慼然瑾曰王先生居高位何自苦乃爾耶公曰求去瑾意愈咈衆慮禍且不測公曰吾義當去不去乃禍耳瑾使伺公無所得且閩交贄亦絕乃笑曰過矣於是懇疏三上許之賜璽書乘傳歲夫月米以歸時方危公之求去咸以爲異數云公既歸吳屏謝紛囂翛然山水之間究心理性尚友千古至其與人清而不絕於俗和而不淆於時無貴賤少長咸敬慕悅服有所與起平生嗜欲澹然吳中士夫所好尚珍賞觀遊之具一無所入惟喜文辭翰墨之事至是亦皆脫落雕繪

出之自然中年嘗作明理克己二箴以進德砥行及充養既久晚益純明凡所著述必有所發其論性善云欲知性之善乎盍反而内觀乎寂然不動之中而有至虚至靈者存焉湛兮其非有也窅兮其非無也不墮於中邊不雜於聲臭當是時也善且未形而惡有所謂惡者哉惡有所謂善惡混者哉惡有所謂三品者哉性其猶鑑乎鑑者善應而不留物來則應物去則空鑑何有焉性惟虚也惟靈也惡安從生其生於蔽乎氣質者性之所寓也亦性之所由蔽也氣質異而性隨之譬之珠焉磔於澄淵則明磔於濁水則

昏豖於汚穢則穢澄淵上智也濁水凡庶也汚穢下愚也天地間䐿塞充滿皆氣也氣之靈皆性也人得氣以生而靈隨之譬之月在天物各隨其分而受之江湖淮海此月也池沼此月也溝渠此月也坑塹亦此月也豈必物物而授之心者月之魄也性者月之光也情者光之發於物者也其所論造後儒多未之及居閑十餘年海內士夫文章論薦不輟及 今上即位始遣官優禮歲時存問將復起公而公已沒時嘉靖三年三月十一日壽七十五矣贈太傅謚文恪祭葬有加禮四子延喆中書舍人延素南京中軍都

督府都事延陵郡學生延昭尚幼皆彬彬世其家

史臣曰世所謂完人若震澤先生王公者非邪内裕倫常無俯仰之憾外際明良極禄位聲光之顯自爲童子至於耆耋自　廟朝下逮閭巷至於偏隅或師其文學或暴其節行或仰其德業隨所見異其稱莫或有瑕疵之者所謂壽福康寧攸好德而考終命公殆無媿爾矣無錫邵尚書國賢與公壻徐學士子容皆文名冠一時其稱公之文規模昌黎以及秦漢純而不流于弱奇而不涉于怪雄偉俊潔體裁截然振起一代之衰得法於孟子論辯多古人未發詩蕭散

清逸有王岑風格書法清勁自成得晉唐筆意天下皆以爲知言陽明子曰王公所深造世或未之能盡也然而言之亦難矣著其性善之說以微見其槩使後世之求公者以是觀之

平茶寮碑　丁丑

正德丁丑徭寇大起江廣湖郴之家騷然且三四年矣於是三省奉　命會征乃十月辛亥予督江西之兵自南康入甲寅破橫水左溪諸巢賊敗奔庚申復連戰奔桶岡十一月癸酉攻桶岡大戰西山界甲戌又戰賊大潰丁亥盡殪之凡破巢八十有四擒斬三

千餘俘三千六百有奇釋其脅從千有餘衆歸流亡使復業度地居民鑿山開道以夷險阻辛丑師旋於乎兵惟凶器不得已而後用刻茶寮之石匪以美成重舉事也提督軍務都御史王某書

平浰頭碑　丁丑

四省之寇惟浰尤黠擬官僭號潛圖孔蒸正德丁丑冬輋猺既殄益機險阱毒以虞王師我乃休士歸農戊寅正月癸卯計擒其魁遂進兵擊其懈丁未破三浰乘勝歸北大小三十餘戰滅巢三十有八俘斬三千餘三月丁未回軍壺漿迎道耕夫遍野父老咸懽

農器不陳於今五年復我常業還我室家伊誰之力
赫赫　皇威匪威曷憑爰伐山石用紀厥成提督軍
務都御史王某書

田州立碑　丙戌

嘉靖丙戌夏官兵伐田隨與思恩之人相比復煽集
軍四省洶洶連年于時　皇帝憂憫元元容有無辜
而死者乎廼　命新建伯王守仁曷往視師其以德
綏勿以兵虔班師撤旅信義大宣諸夷感慕旬日之
閒自縛來歸者七萬一千悉放之還農兩省以安昔
有苗徂征七旬來格今未朞月而蠻夷率服綏之斯

來速於郵傳舞干之化何以加焉爰告思田毋忘帝德爰勒山石耶此赫赫文武聖神率土之濱凡有血氣莫不尊親

田州石刻

田石平田州寧民謠如此田水縈田山迎府治新向千萬世鞏皇明嘉靖歲戊子春新建伯王守仁勒此石告後人

陳直夫南宮像贊

夫子稱史魚曰直哉邦有道如矢邦無道如矢謂祝鮀宋朝曰非斯人難免乎今之世矣予嘗三復而悲之直道之難行而諂諛之易合也豈一日哉魚之直

信乎後世其在當時曾不若朝與鮀之易容也悲夫吾越直夫陳先生嚴毅端潔其正言直氣放蕩佞諛之士嫉視若讐彼寧無知之卒於巳非便也故先生舉進士不久輒致仕而歸屢薦復起又不久輒退以是也哉然天下之言直者必先生與焉始予拜先生於錢塘江上歡然甚得先生奚取於予殆空谷之足音也世日趨於下先生而在雖執鞭之事吾亦爲之今既没矣其子子欽以先生南宮圖像請識一言先生常塵視軒冕豈一第之爲榮聞之子欽蓋初第時有以相遺者受而存之先生没子欽始裝潢將藏諸

廟則又爲子者宜爾也詩曰有服襜襜有牝翼翼在彼周行其容孔式秉笏端弁中温且栗既醉以酒既飽以德彼何人斯邦之司直邦之司直宜公宜孤既來既徂爲冠爲模孰久其道衆聽且孚如江如河其趨彌汗邦之司直今也則亡

三箴

嗚呼小子曾不知警堯詎未聖猶日兢兢既墜于淵猶恬獲薄既折爾股猶邁奔蹶人之冥頑則疇與汝不見壅腫砭廼斯愈不見痿痺劑廼斯起人之毀詬皆汝砭劑汝曾不知反以爲怒匪怒伊色亦反其語

汝之寘頑則疇之比嗚呼小子告爾不一既四十有
五而曾是不憶
嗚呼小子慎爾出話慄言維多吉言維寡多言何益
徒以取禍德默而成仁者言訒孰默而譏孰訒而病
譽人之善過情猶耻言人之非罪曷有已嗚呼多言
亦惟汝心汝心而存將日欽欽豈邉多言上帝汝臨
嗚呼小子辭章之習爾工何爲不以釣譽不以蠱愚
佻彼優伶爾視孔醜覆蹈其術爾顔不厚日月踰邁
爾胡不恤棄爾天命眤爾讐賊昔皇多士亦胥茲溺
爾獨不鑒自抵伊亟

南鎮禱雨文 癸亥

惟神秉靈毓秀作鎮於南實與五嶽分服而治維是揚州之域咸賴神休以生以養凡其疾疫災眚之不時雨暘寒暑之弗若無有遠近莫不引頸企足惟神是望怨有歸功有底神固不得而辭也而況紹興一郡又神之宮墻輦轂之下乎謂宜風雨節而寒暑當民無疾疫而五穀昌特先諸郡以需神惠而乃入夏以來亢陽爲虐連月弗雨泉源告竭黍苗存槁歲且不登民將無食農夫相與咨於野商賈相與憾於市行旅相與怨於途守土之官帥其吏民奔走呼號維是

祈告請亦無不至矣而猶雨澤未應旱烈益張是
豈吏之不職而貪墨者衆歟賦斂繁刻而獄訟寃滯
歟祀典有弗脩歟民怨有弗平歟夫是數者皆吏之
讁而民何咎之有夫怒吏之不臧而移其譴於民又
知神之所不忍也不然豈民之宜頑妄作者衆將奢
淫暴殄以怒神威神將罰而懲之歟夫薄罰以示戒
神之威靈亦既彰矣百姓震懼憂惶請罪無所遂棄
而絕之使無噍類神之慈仁固應不爲若是之甚也
夫民之所賴者神神之食于兹土亦非一日矣今民
不得已有求於神而神無以應之然則民將何恃而

神亦何以信於民乎某生長茲土猶鄉之人也鄉之人以其嘗讀書學道繆以爲是鄉人之傑者其有得於山川之秀爲多藉之以爲吾愚民之不能自達者通誠於山川之神其宜有感夫某非其人也而冒有其名人而冒以其名加我我既不得而辭矣又何敢獨辭其責耶是以冒昧輒爲之請固知明神亦有所不得而辭也謹告

瘞旅文　戊辰

維正德四年秋月三日有吏目云自京來者不知其名氏携一子一僕將之任過龍場投宿土苗家予從

籬落間望見之陰雨昏黑欲就問訊北來事不果明早遣人覘之已行矣薄午有人自蜈蚣坡來云一老人死坡下傍兩人哭之哀予曰此必吏目死矣傷哉薄暮復有人來云坡下死者二人傍一人予嘆詢其狀則其子又死矣明早復有人來云見坡下積尸三焉則其僕又死矣嗚呼傷哉念其暴骨無主將二童子持畚鍤往瘞之二童子有難色然予曰噫吾與爾猶彼也二童憫然涕下請往就其傍山麓爲三坎埋之又以隻雞飯三盂嗟吁涕洟而告之曰嗚呼傷哉繄何人繄何人吾龍場驛丞餘姚王守仁也吾與爾

皆中土之產吾不知爾郡邑爾胡爲乎來爲兹山之鬼乎古者重去其鄉遊宦不踰千里吾以竄逐而來此宜也爾亦何辜乎聞爾官吏目耳俸不能五斗爾率妻子躬耕可有也胡爲乎以五斗而易爾七尺之軀又不足而益以爾子與僕乎嗚呼傷哉爾誠戀兹五斗而來則宜欣然就道胡爲乎吾昨望見爾容蹙然蓋不任其憂者夫衝冒霜露扳援崖壁行萬峰之頂饑渴勞頓筋骨疲憊而又瘴癘侵其外憂鬱攻其中其能以無死乎吾固知爾之必死然不謂若是其速又不謂爾子爾僕亦遽爾奄忽也皆爾自取謂之

何哉吾念爾三骨之無依而來瘞爾乃使吾有無窮之愴也嗚呼傷哉縱不爾瘞幽厓之狐成群陰壑之虺如車輪亦必能葬爾於腹不致久暴露爾爾既已無知然吾何能爲心乎自吾去父母鄉國而來此二年矣歷瘴毒而苟能自全以吾未嘗一日之戚戚也今悲傷若此是吾爲爾者重而自爲者輕也吾不宜復爲爾悲矣吾爲爾歌爾聽之歌曰連峯際天兮飛鳥不通遊子懷鄉兮莫知西東莫知西東兮維天則同異域殊方兮環海之中達觀隨寓兮奚必予宫魂兮魂兮無悲以恫又歌以慰之曰與爾皆鄉土之離

兮蠻之人言語不相知兮性命不可期吾苟死於茲兮率爾子僕來從予兮吾與爾遨以嬉兮驂紫彪而乘文螭兮登望故鄉而噓唏兮吾苟獲生歸兮爾子爾僕尚爾隨兮無以無侶悲兮道傍之塚累累兮多中土之流離兮相與呼嘯而徘徊兮飡風飲露無爾飢兮朝友麋鹿暮猿與栖兮爾安爾居兮無爲厲於茲墟兮

祭鄭朝朔文 甲戌

維正德九年歲次甲戌七月壬戌朔越十有六日丁丑南京鴻臚寺卿王守仁馳奠于監察御史亡友鄭

朝朔之墓嗚呼道之將行其命也與道之將廢其命也與嗚呼朝朔命實爲之將何如哉將何如哉辛未之冬朝於　京師君爲御史余留銓司君因世傑謁予是資予辭不獲抗顏以尸君嘗問予聖學可至余曰然哉克念則是隱辭與義相與剖析探本窮原夜以日繼君喜謂予昔迷今悟昔陷多岐今由大路嗚呼絶學幾年于茲孰沿孰繹君獨奮而古稱豪傑無文猶興有如君者無愧斯稱當是之時君疾已搆忍痛扶羸精微日究人或勸君盍亦休只君曰何哉夕死可矣君遂疾告我亦南行君與世傑訪予陽明君

疾亦篤遂留杭城天不與道善類云傾嗚呼痛哉嗚呼痛哉時予祖母亦嬰危疾湯藥自須風江阻涉君喪遂行靡由一訣扶襯而南事在世傑負恨負愧予復何詵嗟予顓弱實賴友朋砥礪切磋庶幾有成死者生者馬索離群靜言永懷中心若焚墓草再青甫茲馳奠遥望嶺雲有淚如霰嗚呼哀哉予復何言尚饗

祭洌頭山神文　戊寅

維正德十三年戊寅二月十五日甲申提督軍務都御史王某謹以剛鬣柔毛昭告于洌頭山川之神惟廣谷大川阜財興物以域民畜衆故古者諸侯祭封

内山川亦惟其有功於民然地靈則人傑人之無良
亦足以爲山川之羞兹土爲盜賊所盤據且數十年
遠近之稱洞頭者皆曰賊巢耻莫大焉是豈山川之
罪哉雖然清洌之井糞穢而不除久則同於厠溷矣
丹鳳之穴鴟狐聚而不去久則化爲妖窟矣糞穢之
所遏者掩臭妖孽之窟人將持刃燔燎環而攻之何
者其積聚招致使然也誠使除其糞穢刮剜滌蕩將
不終朝而復其清洌鴟狐逐而鸞鳳歸妖孽之窟還
爲孕祥育瑞之所矣今兹土之山川亦何以異於是
守仁奉　天子明命來鎮四陲憤洞賊之凶悖民苦

荼毒無所控籲故邇者計擒渠魁提兵搗其巢穴所向克捷動獲如志斯固人怨神怒天人應順之理將或茲土山川之神厭惡兇殘思一洗其積辱陰有以相協假手於予今駐兵於此彌月餘旬雖巢穴悉已掃蕩擒斬十且八九然漏殄之徒尚有潛逃小民不能無怨于山川之神爲之逋逃主萃淵藪也今予提兵深入豈獨除民之害亦爲山川之神雪其恥夫安舊染棄新圖非中人之情而況於鬼神乎今此殘徒勢窮力屈亦方遣人投招將順而撫之則慮其無革心之誠復遺患於日後逆而弗内恐其或出於誠心

殺之有不忍也神其陰有以相協使此殘寇而果誠心邪即益佑其衷俾盡擒其黨類自縛來投若水之赴壑乎將隄沿停畜之如其設詐懷奸即陰奪其魄張我軍威風驅電掃一鼓而殲之茲惟下民之福亦惟神明之休壇而祀之神亦永永無怍惟神實鑒圖之尚饗

祭徐曰仁文 戊寅

嗚呼痛哉曰仁吾復何言爾言在吾耳爾貌在吾目爾志在吾心吾終可奈何哉記爾在湘中還嘗語予以壽不能長久予詰其故云嘗遊衡山夢一老瞿曇

撫曰仁背謂曰子與顏子同德俄而曰亦與顏子同
壽覺而疑之予曰夢耳子疑之過也曰仁曰此亦可
柰何但令得告疾早歸林下冀從事於先生之教朝
有所聞夕死可矣嗚呼吾以爲是固夢耳孰謂乃今
而竟如所夢邪向之所云其果夢邪今之所傳其果
眞邪今之所傳亦果夢邪向之所夢亦果妄邪嗚呼
痛哉曰仁嘗語予道之不明幾百年矣今幸有所見
而又卒無所成不亦尤可痛乎願先生早歸陽明之
麓與二三子講明斯道以誠身淑後予曰吾志也自
轉官南贛即欲過家堅卧不出曰仁曰未可紛紛之

議方馳先生且一行愛與二三子姑爲饘粥計先生了事而歸嗚呼孰謂曰仁而乃先止於是乎吾今縱歸陽明之麓孰與予共此志矣二三子又且離群而索居吾言之而孰聽之吾倡之而孰和之吾知之而孰問之吾疑之而孰思之嗚呼吾無與樂餘生矣吾已無所進曰仁之進未量也天而喪予也則喪予矣而又喪吾曰仁何哉天胡酷且烈也嗚呼痛哉朋友之中能復有知予之深信予之篤如曰仁者乎夫道之不明也由於不知不信使吾道而非邪則已矣吾道而是邪吾能無蘄於人之不予知予信乎自得曰

仁計蓋哽咽而不能食者兩日人皆勸予食嗚呼吾有無窮之志恐一旦遂死不克就將以托之曰仁而曰仁今則已矣曰仁之志吾知之幸未即死又忍使其無成乎於是復強食嗚呼痛哉吾今無復有意於人世矣姑俟冬春之交兵革之役稍定即拂袖而歸陽明二三子苟有予從者尚與之切磋砥礪務求如平日與曰仁之所云縱舉世不以予爲然者亦且樂而忘其死惟百世以俟聖人而不惑耳曰仁有知其尚能啓予之昏而警予之惰邪嗚呼痛哉予復何言

祭外舅介菴先生文 辛巳

嗚呼自公之葬兹土逮今二十有六年乃始復一拜墓下中間盛衰之感死喪之戚險夷之變聚散之情可悲可愕可扼腕而流涕者何可勝道嗚呼傷哉死者日以遠生者日以謝而少者日以老矣自今以往其可悲可愕可扼腕而流涕者其又可勝道耶二十六年而始獲一拜自今以往獲拜公之墓下者知復能幾嗚呼傷哉惟是公之子姓群然集於墓下皆鸞停鵠峙振羽翮而翱乎雲霄未已也所以報純德而慰公于地下者庶亦在兹巳乎其奉召北行便道歸省甫申展謁輒巳告辭言有盡而意無窮顉瞻丘壠

豈勝凄愴尚饗

祭文相文

嗚呼文相邁往直前之氣足以振頹靡而起退懦通敏果决之才足以應煩劇而解紛拏激昂奮迅之談足以破支辭而折多口此文相之所以超然特出乎等夷而世之人亦方以是而稱文相者也然吾之所望於文相則又寧止於是而已乎與文相别數年矣去歲始復一會於江滸握手半日之談豁然遂破百年之惑一何快也吾方日望文相及其邁往直前之氣以内充其寬裕温厚之仁斂其通敏果决之才以

昭其文理密察之智收其奮迅激昂之辯以自全其發強剛毅之德固將日趨於和平而大會於中正斯乃聖賢之德之歸矣豈徒文章氣節之士而已乎惜乎吾見其進而未見其止也一疾奄逝豈不痛哉聞訃實欲渡江一慟以舒永訣之哀暑病且冗欲往不能臨風長號有淚如雨嗚呼文相尋復何言

又祭徐曰仁文 甲申

嗚乎曰仁別我而逝兮十年于今葬兹丘兮宿草幾青兮念君兮一來尋林木拱兮山日深君不見兮窅嵯峨之雲岑四方之英賢兮日來臻君獨胡爲兮與

鶴飛兮猿吟憶麗澤兮欲歆奠椒醑兮松之陰良知之訣兮聞不聞道無間於隱顯兮豈幽明而異心我歌兮雲兮誰同此音

祭國子助教薛尚賢文　甲申

嗚呼良知之學不明於天下幾百年矣世之學者蔽於見聞習染莫知天理之在吾心而無假於外也皆舍近求遠舍易求難紛紜交鶩以私智相高客氣相競日陷於禽獸夷狄而不知間有獨覺其非而畧知反求其本源者則又群相詬笑斥爲異學嗚呼可哀也已蓋自十餘年來而海内同志之士稍知講求於

此則亦如晨星之落落乍明乍滅未見其能光大也潮陽在南海之濵聞其間亦有特然知向之士而未及與見間有來相見者則又去來無常自君之弟尚謙始從予於留都朝夕相與者三年歸以所聞於予者語君君欣然樂聽不厭至忘寢食脫然棄其舊業如敝屣君素篤學高行爲鄉邦子弟所宗依尚謙自幼受業焉至是聞尚謙之言遂不知巳之爲兄尚謙之爲弟巳之嘗爲尚謙師而尚謙之嘗師於巳也盡使其群弟子姪來學於予而君亦躬枉辱焉非天下之大勇能自勝其有我之私而果於徙義者孰能與

於此哉自是其邑之士若楊氏兄弟與諸後進之來者源源以十數海内同志之盛莫有先於潮陽者則實君之昆弟之爲倡也其有功於斯道豈小小哉方將因藉毗賴以共明此學而君忽逝矣其爲同志之痛何可言哉雖然君於斯道亦既有聞則夕死無憾矣其又奚悲乎吾之所爲長號涕洟而不能自已者爲吾道之失助焉耳天也可如何哉相望千里靡由走哭因風寄哀言有盡而意無窮嗚呼哀哉

祭朱守忠文　甲申

嗚呼聖學之不明也久矣予不自量犯天下之詆笑

而胥非其任恃以無恐者謂海内之同志若守忠者爲之胥附先後終將必有所濟也而自十餘年來若吾姚之徐曰仁潮陽之鄭朝朔楊仕德武陵之冀惟乾者乃皆相繼物故其餘諸同志之尚存足可倚賴者又皆離群索居不能朝夕相與以資切磋砥礪之益今守忠又復棄我而逝天其或者既無意於斯文已乎何其善類之難合而易暌善人之難成而易喪也嗚呼痛哉守忠之於斯道既已識其大者又能樂善不倦傍招博採引接同志而趨之同歸於善若飢渴之於飲食視天下之務不啻其家事每欲以身狥

之今茲之沒也實以驅賊山東晝夜勞瘁至隕其身而不顧嗚呼痛哉始守忠之赴山東也過予而告别云節於先生之學誠有終身几席之願顧事功之心猶有未能脫然者先生將何以裁之予曰君子之事進德修業而已雖位天地育萬物皆已進德之事故德業之外無他事功矣乃若不由天德而求騁於功名事業之場則亦希高慕外後世高明之士雖知向學而未能不爲才力所使者猶不免焉守忠旣已心覺其非固當不爲所累矣嗚呼豈知竟以是而忘其身乎守忠之死蓋禦災捍患而死勤事能爲忠臣志

士之所難能矣而吾猶以是爲憾者痛吾道之失助爲海内同志之不幸焉耳嗚呼痛哉靈輀云邁一奠未訣豈無良朋孰知我心之悲嗚呼痛哉

祭楊士鳴文　丙戌

嗚呼士鳴吾見其進也而遽見其止耶往年士德之殁吾已謂天道之無知矣今而士鳴又相繼以逝吾安所歸咎乎嗚呼痛哉忠信明睿之資一郡一邑之中不能一二見而顧萃於一家之兄弟又皆與聞斯道以承千載之絶學此豈出於偶然者固宜使之得志大行發聖學之光輝翼斯文於悠遠而乃栽培長

養則若彼其艱而傾覆摧折又如此其易其果出於偶然倏聚倏散而天亦略無主宰於其間邪嗚呼痛哉潮郡在南海之涯一郡耳一郡之中有薛氏之兄弟子姪既足盛矣而又有士鳴之昆季其餘聰明特達毅然任道之器後先頡頏而起者以數十其山川靈秀之氣殆不能若是其淑且厚則亦宜有盈虛消息於其間矣乎士鳴兄弟雖皆中道而逝然今海內善類孰不知南海之濱有楊士德士鳴者爲成德之士如祥麟瑞鳳爭一睹之爲快因而向風興起者比比則士鳴昆季之生其濟啓默相以有績於斯道豈

其微哉彼黃馘稿甃與草木同腐者又何可勝數求如士鳴昆季一日之生以死又安可得乎嗚呼道無生死無去來士鳴則既聞道矣其生也奚以喜其死也奚以悲獨吾黨之失助而未及見斯道之大行也則吾亦安能以無一慟乎嗚呼痛哉

祭元山席尚書文　丁亥

嗚呼元山眞可謂豪傑之士社稷之臣矣世方汲溺於功利辭章不復知有身心之學而公獨超然遠覽知求絕學於千載之上世方黨同伐異狥俗苟容以鈎聲避毀而公獨卓然定見惟是之從蓋有舉世非

之而不顧世方植私好利依違反覆以壟斷相與而公獨世道是憂義之所存冒孤危而必吐心之所宜徑百折而不回蓋其所論雖或亦有動於氣激於憤而其心事磊磊則如青天白日洞然可以信其無他世方媢嫉讒險排勝己以嫉高明而公獨誠心樂善求以伸人之才而不自知其身之爲屈求以進賢於國而不自知怨謗之集於其身蓋所謂斷斷休休人之有技若己有之者此大臣之盛德自古以爲難非獨近世之所未見也嗚呼世固有有君而無臣亦有有臣而無君者矣以公之賢而又遭逢　主上之神

聖知公之深而信公之篤不啻金石之固膠漆之投非所謂明良相逢千載一時者歟是何天意之不可測其行之也方若巨艦之遇順風而其傾之也忽中流而折檣舵其植之也方爾枝葉之敷榮而摧之也遂根株而蹶拔其果無意於斯世斯人也乎嗚呼痛哉嗚呼痛哉某之不肖屢屢辱公過情之薦自度終不能有濟於時而徒以爲公知人之累每切私懷慚愧又憶往年與公論學於貴竹受公之知實深近年以來覺稍有所進思得與公一面少叙其愚以求質正斯亦千古之一快而公今復已矣嗚呼痛哉聞公

之訃不能奔哭千里設位一慟割心自今以往進吾不能有益于君國退將益修吾學期終不負知己之報而已矣嗚呼痛哉言有盡而意無窮嗚呼痛哉

祭吳東湖文　丁亥

嗚呼吳公吾不可得而見之矣公之才如干將莫邪隨其所試皆迎刃而解公之志如長川逝河信其所趣雖百折不回公之節如堅松古栢必歲寒而後見公之學如深林邃谷必窮探而始知自其筮仕迄於退休敭歷中外幾於四十年而天下皆以爲未能盡公之才登陟崇顯至於大司空而天下皆以爲未能

行公之志雖未嘗捐軀喪元而天下信其有成仁死義之勇雖未嘗講學論道而天下知其有闢邪衛正之心嗚呼若公者眞可謂一世之豪傑無所待而興者矣某於公未獲傾蓋而向慕滋切未獲識公之面而久已知公之心公於某甚敎愛勤惓不特篇章之稠疊而過情推引亦復薦剡之頻煩長愧菲薄何以承公之敎而懼其終不免爲知人之累也今玆承乏是土而來正可登堂請謝論心求益而公則避我長逝已一年矣嗚呼傷哉幸與公並生斯世而乃終身不及一面茫茫天壤竟成千古之神交豈不痛哉薄

奠一觴以哭我私公神有知尚來格斯

祭永順寶靖土兵文　戊子

維湖廣永順寶靖二司之土兵多有物故於南寧諸處者嘉靖七年六月十五日乙卯　欽差總制四省軍務尚書左都御史新建伯王委南寧府知府蔣山卿等告於　南寧府城隍之神使號召諸物故者之魂魄以牛二羊四豕四祭而告之曰嗚呼諸溪兵壯士傷哉爾等皆勤　國事而來死於茲土山谿阻絕不能一旦歸見其父母妻子旅魂飄飄於異域無所依倚嗚呼傷哉三年之間兩次　調發使爾絡繹奔走

於道途不獲顧其家室竟死客鄉此我等上官之罪也復何言哉復何言哉古者不得已而後用兵先王不忍一夫不獲其所况忍羣驅無辜之赤子而塡之於溝壑且兵之爲患非獨鋒鏑死傷之酷而已也所過之地皆爲荊棘所住之處遂成塗炭民之毒苦傷心慘目可盡言乎適者思田之役予所以必欲招撫之者非但以思田之人無可剿之罪於義在所當撫亦正不欲無故而驅爾等於兵刃之下也而爾等竟又以疾病物故於此則豈非命耶嗚呼傷哉人孰無死豈必窮鄉絶域能死人乎今人不出戶庭或飲食

傷多或逸欲過節醫治不痊亦死矣今爾等之死乃因驅馳　國事捍患禦侮而死蓋得其死所矣古之人固有願以馬革裹尸不願死於婦人女子之手者若爾等之死眞無愧於馬革裹尸之言矣嗚呼壯士爾死何憾乎今爾等徒侶皆巳班師去矣爾等游魂漂泊正可隨之西歸爾等尚知之乎爾等其收爾游魂斂爾精魄駕風逐霧隨爾徒侶去歸其鄉依爾祖宗之墳墓以棲爾魂享爾妻子之蒸嘗以庇爾後爾等徒侶或有征調之役則爾等尚皷爾生前義勇之氣以陰助爾徒侶立功報國爲民除患豈不生爲壯

烈之夫而沒爲忠義之士也乎予因疾作不能親臨祭所一哭爾等以舒予傷感之懷臨文悽愴涕下沾臆今委知府布告予衷爾等有靈尚知之乎嗚呼傷哉

祭軍牙六纛之神文　戊子

惟神秉揚神武三軍司命今制度聿新威靈丕振伏惟仰鎮國家緝定禍亂平服蠻夷以永無窮之休尚饗

祭南海文　戊子

天下之水萃于南海利濟四方涵濡萬類自有天地

厥功爲大令　皇聖明露降河清我實受命南荒以

平陰暘表裏維海効靈乃陳牲帛厥用告成尚饗

祭六世祖廣東叅議性常府君文　戊子

於維我祖効節於　高皇之世肇禋茲土歲久淪蕪

無寧有司之不遑實我子孫門祚衰微弗克靈承顯

揚盖寘迷昬隔者八九十年言念愴惻子孫之心亦

徒有之恭惟我祖晦迹長遁迫而出仕務盡其忠豈

曰有身没之祀父死於忠子殫其孝各安其心白刃

不見又知有一祝之榮乎顧表揚忠孝樹之風聲實

良有司修舉　國典以宣流　王化之盛美我祖之

烈因以復彰見人心之不泯我子孫亦藉是獲申其
愴鬱永有無窮之休焉及茲廟成而末孫某適獲來
蒸事若有不偶然者我祖之道其殆自茲而昌乎某
承 上命來撫是方上無補於 君國下無益於生
民循事省績實懷多慚至於心之不敢以不自盡則
亦求無忝於我祖而已矣承事之餘敢告不忘以五
世祖秘湖漁隱先生彥達府君配食尚饗

陽明先生文錄卷之十

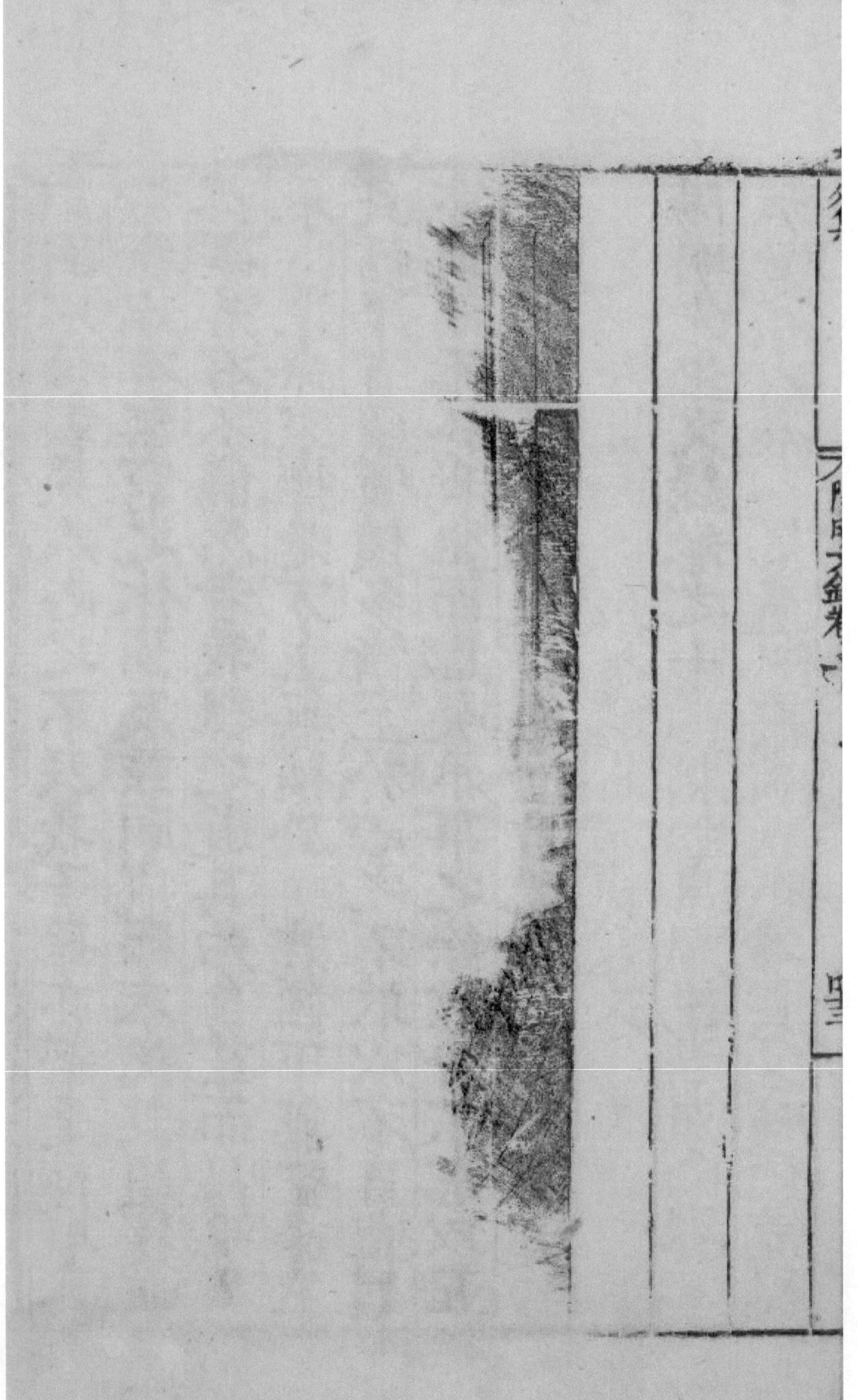

陽明先生文録巻之十一　外録

賦騷六首

太白樓賦　丙辰

歲丙辰之孟冬兮泛扁舟兮南征凌濟川之驚濤兮覽層構乎任城曰太白之故居兮儼高風之猶在蔡侯導余以從陟兮將放觀乎四海木蕭蕭而亂下兮江浩浩而無窮鯨敖敖而湧海兮鵬翼翼而承風月生輝於采石兮日留景於嶽峯蔽長煙乎天姥兮渺匡廬之雲松慨昔人之安在兮吾將上下求索而不可褰兮雖非白之儔兮遡季眞之知我羗後人之視

今兮又烏知其不果吁嗟太白公奚爲其居此兮余奚爲其復來倚穹霄以流眄兮固千載之一哀昔夏桀之顛覆兮尹退乎莘之野成湯之立賢兮適登庸而伐夏謂鼎俎其要說兮維黨人之構詬曾聖哲之匡時兮夫焉前枉而直後當天寶之末代兮淫好色以信讒惡來妹喜其猖獗兮衆皆狐媚以貪婪判獨毅而不顧兮爰命夫以僕妾之役寧直死以顑頷兮夫焉患得而苟促開元之紹基兮亦遑遑其求理生逢時以就列兮同雲臺麒麟而容與夫何漂泊于天之涯兮登斯樓乎延佇信流俗之嫉妬兮自前世而

固然懷夫子之故都兮沛余游之湲湲廟堂之偃蹇兮或非情之所好惟不合於斯世兮恣沉酣而遠眺進吾不遇於武丁兮退吾將顔氏之簞瓢奚勳業其昏迷兮亦夫子之所逃管仲之輔糾兮孔聖與其改行佐璘而失節兮始以見道之未明覩夜郎之有作兮横逸氣以徘徊亦初心之無他兮故雖悔而弗摧吁嗟其誰無過兮抗直氣之爲難輕萬乘於褐夫兮固孟軻之所嘆曠絕代而相感兮望天宇之漫漫去夫子其千祀兮世益隘以周容媒婦妾以馳騖兮又從而爲之吮癰賢者化而改度兮競規曲以爲同嶧

山青兮河流瀉風颸颸兮澹平野凭高樓兮不見舟
揖紛兮樓之下舟之人兮儼服亦有庶幾夫子之蹤
者

九華山賦　壬戌

循長江而南下指青陽以幽討啓鴻濛之神秀發九
華之天巧非效靈於坤軸孰搆奇於玄造涉五溪而
徑入宿無相之窈窕訪王生於邃谷掬金沙之清淬
凌風雨乎半霄登望江而遠眺步千仞之蒼壁瞰龍
池於深窅吊謫仙之遺跡躋化城之縹緲飲鉢盂之
明露見蓮花之孤標扣雲門而望天柱列仙舞於晴

昊儼雙椒之闢門真人駕陽雲而獨蹻翠蓋平臨乎石照綺霞掩映乎天姥二神升於翠微九子隣於積稻炎熾起於玉甑爛石碑之文藻囮澄秋於桄月建少微之星旄覆區承滴翠之餘瀝展旗立雲外之旌纛下安禪而步逍遥覽雙泉於松杪踰西洪而憇黄石懸百丈之灝灝瀨流觴而縈紆遺石船於澗道呼白鶴於雲峯釣嘉魚於龍沼倚透碧之峗屼謝塵寰之紛擾攀齊雲之巉峭鑑琉璃之浩漾沿東陽而西歷餐九節之蒲草樵人導余以冥探排碧雲之瑶島群巒翳其繆蠲失陰陽之昏曉垂七布之沉沉靈龜

隱而復佻履高僧而屧招賢開白日之杲杲試胡茗於春陽汲壺雲之淵湫凌繡壁而據石屋何文殊螺髻之蟠糾樑栱辰而北聆[illegible]遺光於拾寶緇裳逕於黃匏休圓寂之幽俏烏呼春於叢篁和雲韶之嚶嚶嗔起促余之晨興落星河於簷橑護山嘎其驚飛恠遊人之太早攬卉木之如濯被晨暉而爭姣靜鐃聲之剥啄幽人劚參蕨於寘杳碧雞噦於青林鷳翻雲而失皓隱搗檕於樛蘿挾提壺餅焦而翔繞鳳凰承盂冠以相遺飲沆瀣之仙醥羞竹實以嬉翶集梧枝之娟娟嵐欲雨而霏霏瀉濕濕於豐葆躡三遊而轉

青峭排天香水浩渺席泓潭以濯纓浮桃瀉而揚縞淙澌澌而落陰飲猿猱之捷狡覞斧柯而昇大還望會仙於雲表閬子京之故宅欵知微之碧桃倏金光之閃映睫素涼於穹坳弄玄珠於赤水舞千尺之潛蛟並花塘而皎極散香林之迴飈撫浮屠之突兀泛五釵之翠濤裊珎芳於絶巘裊金步之搖搖渉羅躑蠲芬敷而燦燿幢玉女之妖嬌搴龍鬢於靈寶燈鉢囊之飄飄闢仙掌於嶔嵌散青馨之迢迢披白雲而踸崇壽見參錯之僧寮日既夕而山寘掛星辰於窿藪宿南臺之明月虎夜嘯而羆嗥鹿麋群遊於左右

若將侶幽人之岑寥迥高寒其無寐聞氷壑之洞簫溪女厲晴瀧而曝朮雞精岑之春苗邀予觴以王液飯玉粒之瓊瑤溘辭奈而遠去颯霞裾之飄飄復中峯而悵望或仙蹤之可招廼下見陽陵之蜿蟺忽有感於子明之宿要逝予將遺世而獨立採石芝於層霄雖長處於窮僻廼永離乎塵囂彼蒼黎之緝緝固吾生之同胞苟顛連之能濟吾豈靳於一毛矧狂胡之越獗王師局而奔勞吾寧不欲請長纓於闕下快平生之鬱陶顧力微而任重懼覆敗於或遭又出位以圖遠將無誚於鷦鷯嗟有生之迫隘等滅没於風

洎亦富貴其奚爲猶榮蕣之一朝曠百世而興感蔽雄傑於蓬蒿吾誠不能同草木而腐朽又何避乎群喙之呶呶已矣乎吾其鞭風霆而騎日月被九霞之翠袍摶鵬翼於北溟釣三山之巨鼇道崑崙而息駕聽王母之雲璈呼浮丘於子晉招句曲之三茅長遨遊於碧落共大虛而逍遙亂曰蓬壺之藐藐兮列仙之所逃兮九華之矯矯兮吾將於此巢兮匪塵心之足攬兮念鞠育之劬勞兮荷初心之可紹兮來矢弗撓兮

正德丙寅某以罪謫貴陽取道沅湘感屈原
之事爲文而弔之其詞曰
山黯慘兮江夜波風颸颸兮木落森柯泛中流兮焉
泊湛椒醑兮弔湘纍雲冥冥兮月星蔽晦冰崚嶒兮
霰又下纍之宫兮安在悵無見兮愁予高岸兮嶮崎
紛糾錯兮樛枝下深淵兮不測穴頹洞兮蛟螭山岑
兮無極空谷谽谺兮迴寥寂猨狖啾啾兮吟雨熊羆嗥
兮虎交蹟念纍之窮兮焉托處四山無人兮駭狐鼠
魑魅遊兮群跳嚻瞰出入兮爲纍姦宄嫉纍正直兮
反詆爲殃朋比上官兮子蘭爲臧幽叢薄兮嚋侶懷

故都兮增傷望九疑兮參差就重華兮陳辭沮積雪兮磵道絶洞庭渺邈兮天路迷要彭咸兮江潭召申胥兮使騷娥鼓瑟兮馮夷舞聊遨遊兮湘之浦乘回波兮泊蘭渚睠故都兮獨延佇君不還兮郢爲墟心壹鬱兮欲誰語郢爲墟兮函崤亦焚讒鬼逋戮兮快不酬寃歷千載兮耿忠愊君可復兮排帝閽望遁跡兮渭陽箕罹囚兮其徉以狂艱貞兮晦明懷若人兮將予退藏宗國淪兮摧腑肝忠憤激兮中道難勉低回兮不忍溘自沉兮心所安雄之謏兮讒喙衆狂稱兮謂纍揚巳爲魋爲𤝞兮爲讒媵妾纍視若鼠兮使

顥有泚纍忽舉兮雲中　龍旂晻靄兮飄風橫四海兮倏忽駟玉虬兮上衝降望兮大壑山川蕭條兮泬寥廓逝遠去兮無窮懷故都兮蜷局亂曰日西夕兮沅湘流楚山嵯峨兮無冬秋纍不見兮涕泗世愈隘兮孰知我憂

思歸軒賦　庚辰

陽明子之官于虔也廨之後喬木蔚然退食而望若處深麓而遊於其鄉之園也構軒其下而名之曰思歸焉門人相謂曰歸乎夫子之役役於兵革而沒沒於徽纆也而靡寒暑焉而靡昏朝焉而髮蕭蕭焉而

色焦焦焉雖其心之閒閒囂囂也而不免於呶呶焉曉曉焉亦奚爲乎槁中竭外而徒以勞勞焉爲乎哉且長谷之迢迢也窮林之寥寥也而耕焉而樵焉亦焉往而弗宜矣夫退身以全節大知也斂德以亨道大時也怡神養性以遊於造物大熈也又夫子之夙期也而今日之歸又奚以恩爲乎哉則又相謂曰夫子之急歸也其亦在陳之懷歟吾黨之小子其狂甚簡倀倀然若瞽之無與偕也非吾夫子之歸孰從而裁之乎則又相謂曰嗟乎夫子而得其歸也斯土之人爲失其歸矣乎天下之大也而皆若是焉其誰與爲

理乎雖然夫子而得其歸也而後得於道惟夫天下之不得於道也故若是其貿貿夫道得而志全志全而化理化理而人安則夫斯人之徒亦未始爲不得其歸也而今日之歸又奚疑乎而奚以思爲乎陽明子聞之憮然而嘆曰吾思乎吾思乎吾親老矣而暇以他爲乎雖然之言也其始也吾私焉其次也吾貪焉又其次也吾幾焉乃援琴而歌之歌曰歸兮歸兮又奚疑兮吾行日非兮吾親日衰兮胡不然兮日思予旋兮後悔可遷兮歸兮歸兮二三子之言兮

咎言　丙寅

正德丙寅冬十一月守仁以罪下錦衣獄省

愆內訟時有所述既出而録之

何玄夜之漫漫兮悄予懷之獨結嚴霜下而增寒兮皦明月之在隙風吸吸以憯木兮烏驚呼而未息魂營營以惝恍兮目窅窅其焉極慄寒颸之中人兮杳不知其所自夜展轉而九起兮沾予襟之如洒胡定省之弗遑兮豈荼甘之如薺懷前哲之耿光兮耻周容以爲比何天高之冥冥兮孰察予之衷予匪戚於累囚兮牿匪予之爲恫沛洪波之浩浩兮造雲阪之濛濛稅予駕其安止兮終予去此其焉從孰瘻瘵之

在頸兮謂予足之何傷蕙日而弗顧兮惟盲者以爲常孔訓之服膺兮惡訐以爲直辭婉孌朝巷遇兮豈予言之未力皇天之無私兮鑒予情之靡他寧保身之弗知兮膺斧鑕之謂何家出位之爲愆兮信愚忠而蹈亟苟　聖明之有裨兮雖九死其焉恤亂曰予年將中歲月遒兮深谷崆峒逝息遊兮飄然凌風八極周兮孰樂之同不均憂兮匪修名崇仁之求兮由處時從天命何憂兮

祈雨辭

正德丙子南贛作

嗚呼十日不雨兮田且無禾一月不雨兮川且無波

一月不雨兮民已爲痾再月不雨兮民將柰何小民無罪兮天無咎民撫巡失職兮罪在予臣嗚呼盜賊兮爲民大屯天或罪此兮赫威降嗔民則何罪兮玉石俱焚嗚呼民則何罪兮天何遽怒油然興雲兮雨茲下土彼罪曷逋兮哀此窮苦

歸越詩三十六首 弘治壬戌年以刑部主事告病歸越作

遊牛峯寺四首 牛峯今改名浮峯

洞門春靄閉深松飛磴纏空轉石峯猛虎踞崖如出柙斷螭蟠頂許懸鐘金城絳闕應無處翠壁丹書尚有蹤天下名區皆一到此山殊不厭來重

縈紆鳥道入雲松下數湖南百二峯巖犬吠人時出樹山僧迎客自鳴鐘凌飈陟險真扶病異日探奇是舊蹤欲扣靈關問丹訣春風蘿薜隔重重

偶尋春寺入層峯曾到渾疑入夢中飛鳥去邊懸棧道馮夷宿處有幽宮溪雲晚度千巖雨海月涼飄萬里風夜擁蒼厓卧丹洞山中亦自有王公

一卧禪房隔歲心五峯煙月聽猿吟飛湍映樹懸蒼玉香粉吹松落細金翠壁年多霜蘚合石牀春盡雨花深勝遊過眼俱陳迹珎重新題滿竹林

又四絶句

壁看無厭 山池坐益清深林落輕葉不道是秋聲

其二

惟石有千窟老松多半枝清風灑巖洞是我再來時

其三

人間酷暑避不得清風都在深山中池邊一坐即三日忽見巖頭碧樹紅

其四

兩到浮峯輿轉劇醉眠三日不知還眼前風景色色異惟有人聲似世間

姑蘇吳氏海天樓次鄺尹韻

晴雪吹寒春事濃江樓三月尚殘冬青山隨遶回廊
轉碧海真成捷徑通風暖簷牙雙龍據雲深簾幙護
花重倚闌天北疑回首想像丹梯下六龍

山中立秋日偶書

風吹聲聲亂林卧驚新秋山池靜澄碧暑氣亦已收
青峯出白雲突兀成瓊樓袒裼坐溪石對之心悠悠
倏忽無定態變化不可求浩然發長嘯忽起雙白鷗

夜雨山翁家偶書

山空秋夜靜月明松檜涼沿溪步月色溪影搖空裳
山翁隔水語酒熟呼我嘗褰衣涉溪去笑引開竹房

謙言值暮夜盤飧百無將露華明橘柚摘獻冰盤香
洗盞對酬酢浩歌入蒼茫醉攜巖石卧言歸遂相忘

尋春

十里湖光放小舟謾尋春事及西疇江鷗意到忽飛去野老情深只自留薄暮草香含雨氣九峯晴色散溪流吾儕是處皆行樂何必蘭亭說舊遊

西湖醉中謾書二首

十年塵海勞魂夢此日重來眼倍清好景恨無蘇老筆乞歸徒有賀公情白鳥飛處青林晚翠壁明邊夕照晴巒醉湖雲宿湖寺不知山月墮江城

掩映紅粧莫謾猜隔林知是藕花開共君醉卧不湏到自有香風拂面來

九華山下柯秀才家

蒼峯抱層嶂翠瀑繞雙溪下有幽人宅蘿深客到迷

夜宿無相寺

春宵卧無相月照五溪花掬水洗雙眼披雲看九華巖頭金佛國樹杪謫仙家彷彿聞笙鶴青天落絳霞

題四老圍棋圖

世外煙霞亦許時至今風致後人思却懷劉項當年事不及山中一着棋

無相寺三首

老僧巖下屋，繞屋皆松竹。朝聞春鳥啼，夜伴巖虎宿。

其二

坐望九華碧，浮雲生曉寒。山靈應秘惜，不許俗人看。

其三

靜夜聞林雨，山靈似欲留。只愁梯石滑，不得到峯頭。

化城寺六首

化城高住萬山深，樓閣憑空上界侵。天外清秋度明月，人間細雨結浮陰。鉢龍降處雲生座，巖虎歸時風滿林。最愛山僧能好事，夜堂燈火伴孤吟。

其二

雲裏軒窻半上鈎望中千里見江流高林日出三更曉幽谷風多六月秋仙骨自懷何日化塵緣翻覺此生浮夜深忽起蓬萊興飛上青天十二樓

其三

雲端皷角落星斗松頂袈裟散雨花一百六峯開碧漢八十四梯踏紫霞山空仙骨葬金槨春暖石芝抽玉芽獨揮談塵拂煙霧一笑天地真無涯

其四

化城天上寺石磴入星躔雲外開丹井峯頭耕石田

月明猿聽偈，風靜鶴參禪。今日揩雙眼，幽懷二十年。

其五

僧屋煙霏外山深絶世譁茶分龍井水飯帶石田砂
香細雲嵐雜窓高峰影遮林棲無一事終日弄丹霞

其六

突兀開雲閣氤氳散曉鍾飯遺黄稻粒花發五釵松
金骨藏靈塔神光照遠峯微茫竟何是老衲話遺蹤

李白祠二首

千古人豪去空山尚有祠竹深荒舊徑蘚合失殘碑
雲雨羅文藻溪泉擊夢思老僧殊未解猶自索題詩

其二

謫僊棲隱地，千載尚高風。雲散九峯雨，巖飛百丈虹。

寺僧傳舊事，詞客吊遺踪。回首蒼茫外，青山感慨中。

雙峰

凌崖望雙峰，蒼茫竟何在。載拜西北風，爲我掃浮靄。

蓮花峰

夜靜凉飇發，輕雲散碧空。玉鈎挂新月，露出青芙蓉。

列仙峰

靈峭九萬丈，參差生曉寒。僊人招我去，揮手青雲端。

雲門峰

雲門出孤月秋色坐蒼濤夜夜入群巔絶獨照宮錦袍

芙蓉閣

青山意不盡還向月中看明當歸城市風塵又馬鞍

其二

巖下雲萬重洞口桃千樹終歲無人來惟許山僧住

書梅竹小畫

寒倚春霄蒼玉杖九華峰頂獨歸来柯家草亭深雲裏却有梅花傍竹開

山東詩六首 弘治甲子年起復主試山東時作

登泰山五首

曉登泰山道行行入烟霏陽光散巖壑秋容淡相輝
雲梯掛青壁仰見蛛絲微長風吹海色飄飄送天衣
峰頂動笙樂青童兩相依振衣將往從凌雲忽高飛
揮手若相待丹霞閃餘暉凡軀無健羽悵望未能歸

二

天門何崔嵬下見青雲浮泱漭絶人世迥豁高天秋
暝色從地起夜宿天上樓天鷄鳴半夜日出東海頭
隱約蓬壺樹縹緲扶桑洲浩歌落青冥遺響入滄流
唐虞竊楚漢滅没如風漚巍矣鶴山僊秦皇豈堪求
金砂費日月頹顏竟難留吾意在麗古泠然馭涼飈

相期廣成子，太虛顯遨遊。枯槁向巖谷，黃綺不足儔。

三

窮崖不可極，飛步凌烟虹。危泉瀉石道，空影垂雲松。千峯互攢簇，掩映青芙蓉。高亭倚巉削，傾側臨崆峒。失足墮烟霧，碎骨顛崖中。下愚竟難曉，摧折紛相從。吾方坐日觀，披雲笑天風。赤水問軒后，蒼梧教重瞳。隱隱落天語，閶闔開玲瓏。去去勿復道，濁世將焉窮。

四

塵網苦羈縻，富貴真露草。不如騎白鹿，東遊入蓬島。朝登太山望，洪濤隔縹緲。陽輝出海雲，來作天門曉。

遥見碧霞君翩翻起員嶠玉女紫鸞笙雙吹入晴昊
舉首望不及下拜風浩浩擲我玉虛篇讀之殊未了
傍有長眉翁一一能指道從此煉金砂人間跡如掃

五

我才不救時匡扶志空大置我有無間緩急非所賴
孤坐萬峯巔哈然遺下塊已矣復何求至精諒斯在
澹泊匪虛杳灑脱無芥蔕世人聞予言不笑即吁怪
吾亦不強語惟復笑相待魯叟不可作此意聊自快

泰山高次王内翰司尉韻

歐生誠楚人但識廬山高廬山之高猶可計尋丈若

夫泰山仰視恍惚吾不知其尚在青天之下乎其巳直出青天上我欲倣擬試作泰山高但見丘垤之見未能測識高大筆底難具狀扶輿磅薄元氣鍾突兀半遮天地東南衡北恒西有華俯視傴僂誰爭雄人寰茫昧乍隱見雷雨初解開鴻濛繡壁丹梯煙霏靄霽海日初湧照耀蒼翠平麓遠抱滄海灣日觀正與扶桑對聽濤聲之下瀉知百川之東會天門石扇豁然中開幽崖邃谷襞積隱埋中有遯世之流龜潛雌伏飡霞吸秀於其間往往恠譎多僊才上有百丈之飛湍懸空絡石穿雲而直下其源疑自青天來巖頭

膚寸出煙霞須臾滂沱遍九垓古來登封七十二主後來相效紛紛如雨玉檢金函無不爲只今埋沒如何許但見白雲猶復起封中斷碑無字天外日日磨剛風飛塵過眼倏超忽飄蕩豈復留其蹤天空翠華遠落日辭千峯會郊獲麟岐陽會鳳明堂既毁閟宫興頌宣尼曳杖逍遥一去不復來幽泉嗚咽而含悲群巒拱揖如相送俯仰宇宙千載相望墮山喬嶽尚被其光峻極配天無敢頡頏嗟予瞻眺門墻外何能彷彿窺室堂也來攀附躡遺跡三千之下不知亦許再拜古來行吁嗟乎泰山之高其高不可極半壁回

首此身不覺已在東斗傍

京師詩八首 弘治乙丑年改除兵部主事時作

憶龍泉山

我愛龍泉寺，寺僧頗踈野。盡日坐井欄，有時卧松下。
一夕別山雲，三年走車馬。媿殺巖下泉，朝夕自清瀉。

憶諸弟

又別龍山雲，時夢龍山雨。覺來枕簟凉，諸弟在何許？
終年走風塵，何似山中住。百歲如轉蓬，拂衣從此去。

寄舅

老舅近何如？心性老不改。世故惱情懷，光陰不相待。

借問同輩中，鄉鄰幾人在？從今且爲樂，清事無勞悔。

送人東歸

五洩佳山水，平生思一遊。送子東歸省，蓴鱸況復秋。幽探須及壯，世事苦悠悠。來歲春風裏，長安憶故丘。

寄西湖友

予有西湖惡，西湖亦惡予。三年成濶別，近事竟何如？況有諸賢在，他時終卜廬。但恐吾歸日，君還軒冕拘。

贈陽伯

陽伯即伯陽，伯陽竟安在？大道即人心，萬古未嘗改。長生在求仁，金丹非外待。繆矣三十年，于今吾始悔。

故山

鑑水終年碧，雲山盡日閑。故山不可到，幽夢每相關。霧豹言長隱，雲龍欲共攀。縁知丹壑意，未勝紫宸班。

憶鑑湖友

長見人來說，扁舟每獨遊。春風梅市晚，月色鑑湖秋。空有煙霞好，猶爲塵世留。自今當勇往，先與報江鷗。

獄中詩十四首 正德丙寅年十二月以上疏忤逆瑾下錦衣獄作

不寐

天寒歲云暮，冰雪關河逈。幽室魍魎生，不寐知夜永。驚風起林木，驟若波浪洶。我心良匪石，詎爲戚欣動。

滔滔眼前事逝者去相踵厓窮猶可陟水深猶可泳
焉知非日月胡爲亂兮褭深谷自逶迤煙霞日澒洞
三時在賢達歸哉盍耕壠

有室七章

有室如簴周之崇墉室如宂處無秋無冬
耿彼屋漏天光入之瞻彼日月何嗟及之
倐晦倐明淒其以風倐雨倐雪當晝而蒙
夜何其矣靡星靡粲豈無白日寤寐永嘆
心之憂矣匪家匪室或其啓矣殞兮匪恤
氤氳其埃日之光矣淵淵其鼓朝旣晏矣

朝既式矣日既夕矣悠悠我思曷其極矣

讀易

囚居亦何事省愆懼安飽瞑坐玩羲易洗心見微奧乃知先天翁畫畫有至教包蒙戒爲寇童牿事宜早蹇蹇匪爲節虩虩未違道遯四獲我心蠱上庸自保俛仰天地間觸目俱浩浩簞瓢有餘樂此意良匪矯幽哉陽明麓可以忘吾老

歲暮

兀坐經旬成木石忽驚歲暮還思鄉高簷白日不到地深夜鼪鼠時登床峯頭霽雪開草閣瀑下古松開

石房溪鶴洞猿爾無恙春江歸棹吾相將

見月

屋鏬見明月還見地上霜客子夜中起旁皇涕沾裳匪爲嚴霜苦悲此明月光月光如流水徘徊照高堂胡爲此幽室奄忽踰飛揚逝者不可及來者猶可望盈虛有天運嘆息何能忘

天涯

天涯歲暮氷霜結永巷人稀罔象遊長夜星辰瞻閣道曉天鐘皷隔雲樓思家有淚仍多病報主無能合遠役留得昇平雙眼在且應簑笠卧滄洲

屋鏬月

幽室不知年夜長晝苦短但見屋鏬月清竟隨虧滿

佳人宴清夜繁絲激哀管朱閣出浮雲高歌正婆娑

寧知幽室婦中夜獨愁歎良人事遊俠經歲去不返

來歸在何時年華忽將晚蕭條念宗祀淚下長如霰

別友獄中

居常念朋舊薄領成濶絕嗟我二三友胡然此簪盍

累累囹圄間講誦未能輟桎梏敢忘罪至道良足悅

所恨精誠眇尚口徒自躓　天王本明聖旋已但中

熱行藏未可期明當與君別願言毋詭隨努力從前

哲

赴謫詩五十五首　正德丁卯年赴謫貴陽龍場驛作

答汪抑之三首

去國心已恫，别子意彌惻。伊邇怨昕夕，况茲萬里隔。
戀戀岐路間，執手何能默。子有昆弟居，而我遠親側。
回思菽水懽，羡子何由得。知子念我深，夙夜敢忘惕。
良心忠信資，蠻貊非我戚。

北風春尚號，浮雲正南馳。風雲一相失，各在天一涯。
客子懷往路，起視明星稀。驅車赴長阪，迢迢入嵐霏。
旅宿蒼峽底，霧雨昏朝彌。間關不足道，嗟此白日微。

切磋懷良友，願言毋心違。

聞子賦茆屋，來歸在何年？索居間楚越，連峯鬱參天。緬懷巖中隱，磴道窮扳緣。江雲動蒼壁，山月流澄川。朝採石上芝，暮漱松間泉。鷲湖有前約，鹿洞多遺編。寄子春鴻書，待我秋江船。

陽明子之南也，其友湛元明歌九章以贈，崔子鍾和之以五詩，於是陽明子作八詠以答之

君莫歌九章，歌之傷我心。微言破寥寂，重以離別吟。別離悲尚淺，言微感逾深。瓦缶易諧俗，誰辯黃鐘音。

其二

君莫歌五詩，歌之增離憂。豈無良朋侶，洵樂相遨遊。
譬彼桃與李，不爲倉囷謀。君莫忘五詩，忘之我焉求。

其三

洙泗流浸微，伊洛僅如綫。後來三四公，瑕瑜未相掩。
嗟予不量力，跛鱉期致遠。屢興還屢仆，惴息幾不免。
道逢同心人，秉節倡予敢。力爭毫厘間，萬里或可勉。
風波忽相失，言之淚徒泫。

其四

此心還此理，寧論己與人。千古一噓吸，誰爲歎離群。
浩浩天地內，何物非同春。相思輒奮勵，無爲俗所分。

但使心無間萬里如相親不見宴遊交徵逐胥以淪

其五

器道不可離二之即非性孔聖欲無言下學從泛應君子勤小物蘊蓄乃成行我誦窮索篇於子既聞命如何圜中士空谷以爲靜

其六

靜虛匪虛寂中有未發中中有亦何有無之即成空無欲見眞體忘助皆非功至哉玄化機非子孰與窮

其七

憶與美人別贈我青琅函受之不敢發焚香始開椷

諷誦意彌遠期我瀍洛間道遠恐莫致庶幾終不慚

其八

憶與美人别惠我雲錦裳錦裳不足貴遺我氷雪腸
寸腸亦何遺誓言終不渝珎重美人意深秋以爲期

南遊三首

元明與予有衡嶽羅浮之期賦南遊以申約
也

南遊何迢迢蒼山亦南馳如何衡陽鴈不見燕臺書
莫歌澧浦曲莫吊湘君祠蒼梧煙雨絶從誰問九疑

其二

九疑不可問羅浮如可攀遥拜羅浮雲眞以雙瓊環
渺渺洞庭波東逝何時還人生不努力草木同衰殘

其三

洞庭何渺茫衡嶽何崔嵬風飄廻鴈雪美人歸未歸
我有紫瑜珮留掛芙蓉臺下有蛟龍峽往往興雲雷

憶昔答喬白巖因寄儲柴墟三首

憶昔與君約玩易探玄微君行赴西嶽經年始來歸
方將事窮索忽復當遠辭相去萬里餘後會安可期
問我長生訣惑也吾誰欺盈虧消息間至哉天地機
聖狂天淵隔失得分毫厘

其二

毫釐何所辯惟在公與私公私何所辯天動與人爲
遺體豈不貴踐形乃無虧願君崇德性問學刋支離
毋爲氣所役毋爲物所疑恬澹自無欲精專絶交馳
博奕亦何事好之甘若飴吟味有性情喪志非所宜
非君愛忠告斯語容見嗤試問柴墟子吾言亦何如

其三

柴墟吾所愛春陽溢鬢眉白巖吾所愛慎黙長如愚
二君廊廟器予亦山泉姿度量較齒德長者皆吾師
置我五人末庶亦忘崇卑迢迢萬里別心事兩不疑

北風送南鴈慰我長相思

一日懷抑之也抑之之贈既嘗答以三詩意若有歉焉是以賦也

一日復一日去子日以遠惠我金石言沉鬱未能展人生各有際道誼尤所眷嘗嗤兒女悲憂來仍不免緬懷滄州期聊以慰遲晚

其二

遲晚不足嘆人命各有常相去忽萬里河山鬱蒼蒼中夜不能寐起視江月光中情良自抑美人難自忘

其三

美人隔江水彷彿　可覩風吹蒹葭雪飄蕩知何處
美人有琵琶清奏含太古高樓明月夜惆悵爲誰鼓

夢與抑之昆季語湛崔皆在焉覺而有感因紀
以詩三首

夢與故人語語我以相思才爲旬日別宛若三秋鬢
令弟坐我側屈指如有爲須臾湛君至攜手行獨隨
看酬旋羅列語笑如平時縱言及微奥會意忘其辭
覺來復何有起坐空嗟咨

其二

起坐憶所夢默遡猶歷歷初談自有形繼論入無極

無極生徃來徃來萬化出萬化無停機徃來何時息
來者胡爲信徃者胡爲屈微哉屈信間子午當其窟
非子盡精微此理誰與測何當衡廬間相携玩羲易

其三

衡廬曾有約相携尚無時去事多翻覆來蹤豈前知
斜月滿虛牖樹影何參差林風正蕭瑟驚鵲無寧枝
邈彼二三子惄焉勞我思

因雨和杜韻

晩堂踈雨暗柴門忽入殘荷瀉石盆萬里滄江生白
髮幾人燈火坐黃昏客途最覺秋先到荒徑惟憐菊

尚存却憶故園耕釣處短簑長笛下江村

赴謫次北新關喜見諸弟

扁舟風雨泊江關兄弟相看夢寐間亡分天涯成死別寧知意外得生還投荒自識君恩遠多病心便吏事閒携汝耕樵應有日好移茅屋傍雲山

南屏

溪風漠漠南屏路春服初成病眼開花竹日新僧已老湖山如舊我重來層樓雨急青林逈古殿雲晴碧嶂迴獨有幽禽解相信雙飛時下讀書臺

卧病靜慈寫懷

卧病空山春復夏，山中幽事最能知。雨晴階下泉聲
急夜靜松間月色遲把卷有時眠白石解纓隨意濯
清漪吳山越嶠俱堪老正奈燕雲繫遠思

移居勝果寺二首

江上但知山色好峰廻始見寺門開半空虛閣有雲
住六月深松無暑來病肺正思移枕簟洗心兼得遠
塵埃富春咫尺烟濤外時倚層霞望釣臺

病餘巖閣坐朝曛異景相新得未聞日脚倒明千頃
霧雨聲高度萬峯雲越山障水當吳嶠江月隨潮上
海門便欲携書從此老不教猿鶴更移文

憶別

憶別江千風雪陰艱難歲月兩侵尋重看骨肉情何限況復斯文約舊深賢聖可期先立志塵凡未脫謾言心移家便住烟霞壑緑水青山長對吟

泛海

險夷原不滯胷中何異浮雲過太空夜靜海濤三萬里月明飛錫下天風

武夷次壁間韻

肩輿飛度萬峯雲回首滄波月下聞海上眞爲滄水使山中又遇武夷君溪流九曲初諳路精舍千年始

及門歸去高堂慰垂白細抨　更擬在春分

草萍驛次林見素韻奉寄

山行風雪瘦能當會喜江花照野航本與宦途成懶散頗因詩景受閑忙鄉心草色春同遠客鬢松梢晚更蒼料得烟霞終有分未須連夜夢溪堂

玉山東嶽廟遇舊識嚴星士

憶昨東歸亭下路數峯簫管隔秋雲肩輿欲到妨多事鼓棹重來會有云春夜絶憐燈節近溪聲寂好月中聞行藏無用君平卜請看沙邊鷗鷺群

廣信元夕蔣太守舟中夜話

樓臺燈火亦西東，簫鼓星橋渡碧空。何處忽談塵世外，百年惟此月明中。客途孤寂渾常事，畏地相求見古風。別後新詩好不惜，衡南今亦有飛鴻。

夜泊石亭寺用韻呈陳婁諸公因寄儲柴墟都憲及喬白巖太常諸友

廿年不到石亭寺，惟有西山只舊青。白拂掛墻僧已去，紅闌照水客重經。沙村遠樹凝春望，江雨孤篷入夜聽。何處故人還笑語，東風啼鳥夢初醒。

悵望沙頭成久坐，江洲春樹何青青。烟霞故國虛夢想，風雨客途真慣經。白壁屢投終自信，朱絃一絕好

誰聽扁舟心事滄浪舊從與漁人笑獨醒

過分宜望鈴岡廟

共傳峰頂樹古廟有靈神楚俗多尊鬼巫言解惑人望禋存舊典捍禦及斯民世事渾如此題詩感慨新

雜詩三首

危棧斷我前猛虎尾我後倒崖落我左絶壑臨我右我足復荊榛雨雪更紛驟邈然思古人無悶耶自有無悶雖足珍警惕忘爾守君觀真宰意匪薄亦良厚

其二

青山清我目流水静我耳琴瑟在我御經書滿我几

措足踐坦道恍心有妙理頑冥非所懲賢達何靡靡乾乾懷往訓敢忘惜分晷悠悠哉天地内不知老將至

其三

羊腸亦坦道太虚何隂晴燈窻玩古易欣然獲我情起舞還再拜聖訓垂明明拜舞詎踰節頓忘樂所形歛衽復端坐玄思窺沉溟寒根固生意息灰抱陽精冲漠際無極列宿羅青冥夜深向晦息始聞風雨聲

袁州府宜春臺四絶

宜春臺上還春望山水南來眼未嘗却笑韓公亦多事更從南浦羨滕王

臺名何事只宜春山色無時不可人不用煙花費粧
點儘教刋落儘嶙峋
特修江藻拜祠前正是春風欲暮天童冠儘多歸詠
興城南兼說有温泉
古廟香燈幾許年增修還費大官錢至今楚地多風
雨猶道山神駕鐵船

夜宿宣風館

山石崎嶇古轍痕沙溪馬渡水猶渾夕陽歸鳥投深
麓烟火行人望遠村天際浮雲生白髮林間孤月坐
黃昏越南冀北俱千里正恐春愁入夢魂

萍鄉道中謁濂溪祠

木偶相沿恐未真清輝亦復凛衣巾簿書曾屑乘田吏俎豆猶存畏壘民碧水蒼山俱過化光風霽月自傳神千年私淑心喪後下拜春祠薦渚蘋

宿萍鄉武雲觀

曉行山徑樹高低雨後春泥沒馬蹄翠色絶雲開遠嶂寒聲隔竹隱晴溪巳聞南去艱舟楫漫憶東歸沮杖藜夜宿仙家見明月清光還似鑑湖西

醴陵道中風雨夜宿泗洲寺次韻

風雨偏從險道當深泥沒馬陷車箱虛傳鳥路通巴

蜀豈必羊腸在太行遠渡漸看違暝色晚霞會喜見
朝陽水南昏黑投僧寺還理義編坐夜長

長沙答周生

旅倦憇江觀病齒廢談誦之子特相求禮殫意彌重
自言絶學餘有志莫與共手持一編書披歷見肝衷
近希小范踪遠慕賈生慟兵符及射藝方技靡不綜
我方懲創後見之色亦動子誠仁者心所言亦屢中
願子且求志蘊蓄事涵泳孔聖固遑遑與點樂歸詠
回也王佐才閉戶避隣鬨知子信美才大構中梁棟
未當匠石求滋植務培壅愧子勤綣意何以相規諷

養心在寡欲操存舍即縱嶽麓何森森遺址自南宋江山足游息賢迹尚堪踵何當謝病來士氣多沉勇涉湘千邁嶽麓是遵仰止先哲因懷友生麗澤

興感伐木寄言二首

客行長沙道山川鬱稠繆西探指嶽麓凌晨渡湘流踰岡復陟巘吊古還尋幽林壑有餘爽昔賢此藏修我來寔仰止匪伊事盤遊衡雲開曉望洞野浮春洲懷我二三友伐木增離憂何當此來聚道誼日相求

其二

林間憩白石好風亦時來春陽熙百物欣然得予懷

緬思兩夫子此地得徘徊當年靡童冠曠代登堂階
高情詎今昔物色遺吾儕顧謂二三子取瑟爲我諧
我彈爾爲歌爾舞我與偕吾道有至樂富貴真浮埃
若時乘大化勿愧點與回陟岡採松栢將以遺所思
勿採松栢枝兩賢昔所依緣峰踐臺石將以望所期
勿踐臺上石兩賢昔所躋兩賢去邈矣我友何相違
吾斯未能信役役空爾疲胡不此眷盍麗澤相遨嬉
渴飲松下泉飢飡石上芝假仰絕餘念遷客難久稽
洞庭春浪濶浮雲隔九疑江洲滿芳草目極令人悲
巳矣從此去奚必茲山爲戀繫乃從欲安土惟隨時

晩聞冀有得此外吾何知

遊嶽麓書事

醴陵西來涉湘水信宿江城沮風雨不獨病齒畏風濕泥潦侵途絶行旅人言嶽麓最形勝隔水溟濛隱雲霧趙侯需晴邀我遊故人徐陳各傳語周生好事屢來速森森雨脚何由住曉來陰翳稍披拂便携周生涉江去戒令休遣府中知徒爾勞人更妨務橘洲僧寺浮江流鳴鐘出延立沙際停橈一至答其情三洲連綿亦佳處行雲散漫浮日色是時峯巒益開霽亂流蕩槳濟倏忽繫檝江邊老檀樹岸行里許入麓

口周生道子勤指顧柳蹊梅堤存彷彿道村林壑獨
如故赤沙想像虛田中西嶼傾頹今冢墓道鄉荒址
留突兀赫曦遠望石如鼓殿堂釋菜禮從宜下拜朱
張息游地鑿石開山面勢改雙峯闢闕見江渚聞是
吳君所規畫此舉良是反遭忌九仞誰虧一簣功嘆
息遺基獨延佇浮屠觀閣摩青霄盤據名區遍寰宇
其徒素爲儒所擯以此方之反多愧愛禮思存告朔
羊況此實作匪文具人云趙侯意頗深隱忍調停旋
修舉昨來風雨破棟椽方遣圬人補殘敝予聞此語
心稍慰野人蔬蔽亦羅置欣然一酌才舉盃津夫走

報郡侯至此行隱跡何由聞遣騎候訪自吾寓潛來鄙意正爲此倉卒行庖盃勞費整冠出迓見兩蓋乃知王君亦同御肴羞層疊絲竹繁避席輿辭懇莫拒多儀劣薄非所承樂闋觴周日將暮黃堂吏散君請先病夫沾醉須少憩入舟瞋色漸微沫却喜順流還易渡嚴城燈火人已稀小巷曲折忘歸路僊宮酣倦成熟寐曉聞簷聲復如注昨遊偶遂寔天假信知行樂皆有數涉躐差償夙好心尚有名山敢多慕齒角虧盈分則然行李雖淹吾不惡

次韻答趙太守王推官

詰朝車虔竭玄居宿齋沐積霖者新霽風日妍暢
蘭撓渡芳渚半涉見水陸溪山儼新宇雷雨荒大麓
皇皇絃誦區斯文昔炳郁興廢尚屯疑使我懷悱憤
近聞牧守賢經營亟乘屋方舟爲予來飛蓋遥肅肅
花絮媚曉筵韶景正柔淑浴沂諒同情及茲授春服
令德倡高祠混珠愧魚目努力崇修名迂跡自巖谷

天心湖沮泊旣濟書事

掛席下長沙瞬息百餘里舟人共揚眉予獨憂其駛
日暮入沅江牴石舟果圮補敝詰朝發衝風遂齟齬
暝泊後江湖蕭條傍疊壘月黑波濤驚蛟鼉互睥睨

翌午風益厲狼狽收斷汜天心數里間三日但遥指
甚雨迅雷電作勢殊未已溟溟雲霧中四望渺涯涘
篙檝不得施丁夫盡嗟噫淋漓念同胞吾寧忍暴使
饘粥且傾橐苦甘吾與爾衆意在必濟粮絶亦均死
憑陵向高浪吾亦詎容止虎怒安可攖志同稍足倚
且令並岸行試涉湖濱沚收舵幸無事風雨亦浸弛
逡巡緣沚湄迤邐就風勢新漲翼回湍倏忽逝如矢
夜入武陽江漁村穩堪艤糴市謀晚炊且爲衆人喜
江醪信漓濁聊復盪胸滓濟險在需時徼倖豈常理
爾輩勿輕生偶然非可恃

陽明先生文録卷之十一

陽明先生文録卷之十二

居夷詩一百十一首

去婦嘆五首

楚人有間於新娶而去其婦者其婦無所歸去之山間獨居懷綣綣不忘終無他適予聞其事而悲之爲作去婦嘆

委身奉箕箒中道成棄捐蒼蠅間白璧君心亦何愆獨嗟貧家女素質難爲妍命薄良自喟敢忘君子賢春華不再艷頽魄無重圓新歡莫終恃令儀慎周還

其二

依違出門去欲行復遲遲鄰嫗盡出別強語含辛悲
陋質容有繆放逐理則宜姑老籍相慰鉄乏多所資
妾行長已矣會面當無時

其三

妾命如草芥君身比琅玕柰何以妾故廢食懷憤寃
無為傷姑意燕爾且為歡中廚存宿旨為姑備朝飧
畜育意千緒倉卒徒悲酸伊邇望門屏盍從新人言
夫意已如此妾還當誰顔

其四

去矣勿復道已去還躊躇鷄鳴尚聞響犬戀猶相隨

感此摧肝肺淚下不可揮岡回行漸遠日落群鳥飛
群鳥各有托孤妾去何之

其五

空谷多凄風樹木何蕭森浣衣澗氷合採苓山雪深
離居寄巖穴憂思托鳴琴朝彈別鶴操暮彈孤鴻吟
彈苦思彌切巑岏隔雲岑君聽甚明哲何因聞此音

羅舊驛

客行日日萬峰頭山水南來亦勝遊布谷鳥啼村雨
暗刺桐花瞑石溪幽蠻煙喜過青楊瘴鄉思愁經芳
杜洲身在夜郎家萬里五雲天北是神州

沅水驛

辰陽南望接沅州碧樹林中古驛樓遠客目憐風土異空山惟見瘴雲浮耶溪有信從誰問楚水無情只自流却幸此身如野鶴人間隨地可淹留

鐘鼓洞

見說水南多異迹巖頭時有鼓鐘聲空遺石壁千年在未信金砂九轉成遙遶星辰瞻北極春山明月坐更深年來夷險還忘却始信羊腸路亦平

平溪館次王文濟韻

山城寥落閉黃昏燈火人家隔水村清世獨便吾職

易窮途漫賴此心存蠻煙瘴霧承相待翠壁丹崖好共論畝畆投閑終有日小臣何以答君恩

清平衛即事

積雨山途喜乍晴煖雲浮動水花明故園日與青春遠敝緼涼思白苧輕烟際卉衣窺絕棧時土苗方仇殺峰頭戍角隱孤城華夷節制嚴冠履漫說殊方列省卿

興隆衛書壁

山城高下見樓臺野戍參差暮角催貴竹路從峰頂入夜郎人自日邊來鶯花夾道驚春老雉堞連雲向晓開尺素屢題還屢擲衡南那有鴈飛回

七盤

鳥道縈紆下七盤，古藤蒼木峽聲寒。境多奇絶非吾土，時可淹留是謫官。猶記邊烽傳羽檄，近聞苗俗化衣冠。投簪實有居夷志，垂白難承菽水懽。

初至龍場無所止結草菴居之

草菴不及肩，旅倦體方適。開棘自成籬，土階漫無級。迎風亦蕭踈，漏雨易補緝。靈瀨響朝湍，深林凝暮色。群獠環聚訊，語龐意頗質。鹿豕且同遊，茲類猶人屬。匏樽映瓦豆，盡醉不知夕。緬懷黃唐化，畧稱茅茨迹。

始得東洞遂改爲陽明小洞天二首

古洞閟荒僻，虛設疑相待。披萊歷風磴，移居快幽豈。
營炊就巖竇，放榻依石壘。穹室旋薫塞，夷坎仍掃灑。
卷帙湯堆列，樽壺動光彩。夷居信何陋，恬淡意方在。
豈不桑梓懷，素位聊無悔。

童僕自相語，洞居頗不惡。人力免結搆，天巧謝雕鑿。
清泉傍廚落，翠霧還戍幕。我輩日嬉偃，主人自愉樂。
雖無檠戟榮，且遠塵囂聒。但恐霜雪凝，雲深衣絮薄。

我聞莞爾笑，周慮愧爾言。上古處巢窟，抔飲皆汙樽。
冱極陽內伏，石穴多冬暄。豹隱文始澤，龍蟄身乃存。
豈無數尺榱，輕裘吾不温。邈矣簞瓢子，此心期與論。

謫居粮絶請學于農將田南山永言寄懷

謫居屢在陳從者有慍見山荒聊可田錢鎛還易辦
夷俗多火耕倣習亦頗便及兹春未深數畝猶足佃
豈徒實口腹且以理荒宴遺穗及鳥雀貧寡發餘羡
出來在明晨山寒易霜霰

觀稼

下田既宜稌高田亦宜稷種蔬須土疏種藷須土濕
寒多不實秀暑多有螟螣去草不厭頻耘禾不厭密
物理既可玩化機還默識即是參贊功毋爲輕稼穡

採蕨

採蕨西山下扳援陟崔嵬遊子望鄉國淚下心如摧浮雲塞長空頹陽不可回南歸斷舟楫北望多風埃已矣供子職勿更貽親哀

猗猗

猗猗澗邊竹青青巖畔松直幹歷氷雪密葉留清風自期永相托雲壑無違蹤如何兩分植憔悴嘆西東人事多翻覆有如道上蓬惟應歲寒意隨處還當同

南濵

南濵有瑞鳥東海有靈禽飛遊集上苑結侶珎樹林願言飾羽儀共舞簫韶音風雲忽中變一失難相尋

瑞鳥既遭縻靈禽投荒岑天衢雨雪積江漢虞羅侵
哀哀鳴索侶病翼飛未任群鳥亦千百誰當會其心
南嶽有竹實丹溜青松陰何時共棲息永托雲泉深

溪水

溪石何落落溪水何泠泠坐石弄溪水欣然濯我纓
溪水清見底照我白髮生年華若流水一去無回停
悠悠百年內吾道終何成

龍岡新構

諸夷以予穴居頗陰濕請構小廬欣然趨事
不月而成諸生聞之亦皆來集請名龍岡書

院其軒曰何陋

謫居聊假息荒穢亦須治鑿巘薙林條小構自成趣開牕入遠峰架扉出深樹墟寨俯逶迤竹木互蒙翳畦蔬稍溉鋤花藥頗穕蒔宴適豈專予來者得同憇輪奐匪致美毋令易傾敝

營巢乘田隙洽旬始苟完初心待風雨落成還美觀鋤荒既開徑拓樊亦理園低簷避松偃疎土行竹根勿翦墻下棘束列因可藩莫擷林間蘿蒙籠覆雲軒素缺農圃學因兹得深論毋爲輕鄙事吾道固斯存

諸生來

簡滯動權咎廢幽得幸免夷居雖異俗野朴意所眷
思親獨疚心疚憂庸自遣門生頗群集樽罍亦時展
講習性所樂記問復懷覘林行或沿澗洞遊還陟巘
月榭坐鳴琴雲牕臥披卷澹泊生道眞曠達匪荒宴
豈必鹿門栖自得乃高踐

西園

方園不盈畝疏卉頗成列分溪免甕灌補籬防豕蹢
蕪草稍芟薙清雨夜來歇濯濯新葉敷熒熒夜花發
放鋤息重陰舊書湯披閱倦枕竹下石醒望松間月
起來步閑逕晚酌簷下設盡醉即草鋪忘與鄰翁别

水濱洞

送遠憩岨谷濯纓俯清流沿溪涉危石曲洞藏深幽

花靜馥常閟溜暗光亦浮平生泉石好所遇成淹留

好鳥忽雙下儵魚亦群遊坐久塵慮息澹然與道謀

山石

山石猶有理山木猶有枝人生非木石别久寧無思

愁來步前庭仰視行雲馳行雲隨長風飄飄去何之

行雲有時定遊子無還期高梁始歸燕題鴂已先悲

有生豈不苦逝者長若斯已矣復何事商山行采芝

無寐二首

烟燈曖無寐憂思坐長往寒風振喬林葉落聞牕響
起窺庭月光山空遊罔象懷人阻積雪崖水幾千丈

其二

窮崖多雜樹上與青冥連穿雲下飛瀑誰能識其源
但聞清猿嘯時見皓鶴翻中有避世士冥寂棲其巔
繄予亦同調路絶難攀緣

諸生夜坐

謫居澹虛寂眇然懷同遊日入山氣夕孤亭俯平疇
草際見數騎取逕如相求漸近識顏面隔樹停鳴騶
投轡鴈鶩進携榼各有羞分席夜堂坐絳蠟清樽浮

鳴琴復散帙，壺矢交觥籌。夜弄溪上月，曉陟林間丘。
村翁或招飲，洞客偕探幽。講習有真樂，談笑無俗流。
緬懷風沂興，千載相爲謀。

艾草次胡少參韻

艾草莫艾蘭，蘭有芬芳姿。況生幽谷底，不礙君稻畦。
艾之亦何益，徒令香氣衰。荆棘生滿道，出刺傷人肌。
持刀忌觸手，睨視不敢揮。艾草須艾棘，勿爲棘所欺。

鳳鶵次韻答胡少參

鳳雛生高厓，風雨摧其翼。養痾深林中，百鳥驚辟易。
虞人視爲妖，舉網爭彈弋。此本王者瑞，惜哉誰能識。

吾方哀其窮胡忍復相亟鵰梟據叢林驅鳥恣搏食

嗟爾獨何心梟鳳如白黑

鸚鵡和胡韻

鸚鵡生隴西群飛恣鳴遊何意虞羅及充貢來中州

金絛縻華屋雲泉謝林丘能言實階禍吞聲亦何求

主人有隱慝竊發聞其謀感君惠養德一語思所酬

懼君不見察殺身反爲尤

諸生

人生多離別佳會難再遇如何百里來三宿便辭去

有琴不肯彈有酒不肯御遠涉見深情寧子有弗顧

洞雲還自酒溪月誰同步不念南寺時寒江雪將暮
不記西園日桃花夾川路相去倏幾月秋風落高樹
富貴猶塵沙浮名亦飛絮嗟我二三子吾道有真趣
胡不携書來茆堂好同住

遊來僊洞早發道中

霜風清木葉秋意生蕭踈衡星策曉騎幽事將有徂
股蠡亂飛擲道狹草露濡傾暑特晨發征夫已先途
淅米石間溜炊火巖中爐烟峰上初日林鳥相嚶呼
意欣物情適戰勝癯色腴行樂信宇宙富貴非吾圖

別友

幽尋意方結奈此世累牽凌晨驅馬别持盃且爲傳
相求苦非遠山路多風煙所貴明哲士秉道非苟全
去矣崇令德吾亦行歸田

贈黃太守澍

歲宴鄉思切客久親舊踈卧痾閉空院忽來故人車
入門辯眉宇喜定還驚吁遠行亦安適符竹膺新除
荒郡號難理况兹征索餘君才素通敏窘劇宜有紓
蠻鄉雖瘴毒逐客猶安居經濟非復事時還理殘書
山泉足遊憩麋鹿能友予澹然穹壤内容膝皆吾廬
惟縈垂白念旦夕懷歸圖君行勉三事吾計終五湖

寄友用韻

懷人坐沉夜帷燈曖幽光耿耿積煩緒忽忽如有忘玄景逝不處朱炎化微涼相彼谷中葛重陰殞衰黃感此遊客子經年未還鄉伊人不在目絲竹徒滿堂天深鴈書杳夢短關塞長情好矢無斁願言覯終償惠我金石編徽音激宮商馳輝不可即式爾增予傷馨香襲肝膂聊用中心藏

秋夜

樹暝棲翼喧螢飛夜堂靜遥穹出晴月低簷入峰影窅然坐幽獨怵爾抱深警年徂道無聞心違迹未屛

蕭瑟中林秋露凝松桂冷山泉豈無適離人懷故境
安得駕雲鴻高飛越南景

採薪二首

朝採山上荆暮採谷中栗深谷多凄風霜露沾衣濕
採薪勿辭辛昨來斷薪拾晚歸陰壑底抱甕還自汲
薪水良獨勞不愧食吾力
倚擔青厓際歷斧厓下石持斧起環顧長松百餘尺
徘徊不忍揮俯晗澗邊棘同行咲吾餒爾斧安用歷
快意豈不能物材各有適可以相天子衆稈詎足識

龍岡謾興五首

投荒萬里入炎州，却喜官卑得自由。心在夷居何有陋，身雖吏隱未忘憂。春山卉服時相問，雪寨藍輿每獨遊。擬把犂鋤從許子，謾將絃誦比言游。

旅況蕭條寄草堂，虛簷落日自生凉。芳春已共烟花盡，孟夏俄驚草木長。絶壁千尋凌杳靄，深厓六月宿氷霜。人間不有宣尼叟，誰信申棖未是剛。

路僻官卑病益閑，空林惟聽鳥閒關。地無醫藥憑書卷，身處蠻夷亦故山。用世謾懷伊尹耻，思家獨切老萊斑。夢魂兼喜無餘事，只在耶溪舜水灣。

卧龍一去忘消息，千古龍岡漫有名。草屋何人方管

樂桑問無耳聽咸英江沙漠漠遺雲鳥草木蕭蕭動

甲兵好共鹿門龎處士相期採藥入青冥

歸與吾道在滄浪顏氏何曾擊柝忙枉尺巳非賢者

事斵輪徒有古人方白雲晚憶歸岩洞蒼蘚春應遍

石床寄語峰頭雙白鶴野夫終不久龍場

答毛拙菴見招書院

野夫病卧成疎懶書卷長抛舊學荒豈有威儀堪法

象實慚文檄過稱揚移居正擬投醫肆虛席仍煩避

講堂範我定應無所獲空令多士笑王良

老檜

老檜斜生古驛傍，客來繫馬解衣裳。托根非所還憐汝，直幹不撓終異常。風雪凜然存節槩，刮摩聊爾見文章。何當移植山林下，偃蹇從渠拂漢蒼。

却巫

卧病空山無藥石，相傳土俗事神巫。吾行久矣將焉禱，衆議紛然反見迂。積習片言容未解，輿情三月或應孚。也知伯有能爲厲，自笑孫僑非大夫。

過天生橋

水光如練落長松，雲際天橋隱白虹。遼鶴不來華表爛，僊人一去石樓空。徒聞鵲駕横秋夕，謾説秦鞭到

海東移放長江還濟險可憐虛却萬山中

南霽雲祠

死矣中丞莫謾疑孤城援絶久知危賀蘭未滅空遺恨南八如生定有爲風雨長廊嘶鐵馬松杉陰霧捲靈旗英魂千載知何處歲歲邊人賽旅祠

春晴

林下春晴風漸和高巖殘雪已無多遊絲冉冉花枝靜青壁迢迢白鳥過忽向山中懷舊侶幾從洞口夢煙蘿客衣塵土終須換好與湖邊長芰荷

陸廣曉發

初日曈曈似晚霞雨痕新霽渡頭沙溪深幾曲雲藏峽樹老千年雪作花白鳥去邊廻驛路青崖缺處見人家遍行奇勝才經此江上無勞羡九華

雪夜

天涯久客歲侵尋茆屋新開楓樹林漸慣省言因病齒屢經多難解安心猶憐未繫蒼生望且得閒爲白石吟乘興最堪風雪夜小舟何日返山陰

元夕二首

故園今夕是元宵獨向蠻村坐寂寥賴有遺經堪作伴喜無車馬過相邀春還草閣梅先動月滿虛庭雪

未消堂上花燈諸弟集重闈應念一身遥

去年今夕卧燕臺銅鼓中宵隱地雷月傍苑樓燈彩淡風傳閣道馬蹄迴炎荒萬里頻回首羌笛三更謾自哀尚憶先朝多樂事 孝皇曾爲雨宫開

家僮作紙燈

寥落荒村燈事賒蠻奴試巧剪春紗花枝綽約含輕霧月色玲瓏映綺霞取辦不徒酬令節賞心兼是惜年華何如京國王侯第一盞中人產十家

白雲堂

白雲僧舍市橋東別院迴廊小徑通歲古簷松存獨

餘春還庭竹發新叢晴牕暗映群峰雪清梵長飄高閣風遷客從來甘寂寞青鞋時過月明中

來僊洞

古洞春寒客到稀緑苔荒徑草霏霏書懸絶壁留僧偈花發層巖繡佛衣壺榼遠從童冠集杖藜隨處宦情微石門遥鎖陽明鶴應笑山人久未歸

木閣道中雪

瘦馬支離緣絶壁連峰窅窕入層雲山村樹暝驚鴉陣澗道雪深逢鹿群凍合衡茅炊火斷望迷孤戍暮笳鬧正思講席諸賢在絳蠟清醅坐夜分

元夕雪用蘇韻二首

林間暮雪定歸鴉山外鈴聲報使車玉盞春光傳栢葉夜堂銀燭亂簷花蕭條音信愁邊鴈迢遞關河夢裏家何日扁舟還舊隱一簑江上把魚叉

寒威入夜益廉纖酒甕爐床亦戒嚴久客漸憐衣有結蠻居長嘆食無鹽飢豺正爾群當路凍雀從渠自宿簷陰極陽回知不遠蘭芽行見發春尖

曉霽用前韻書懷二首

雙闕鐘聲起萬鴉禁城月色滿朝車竟誰詩詠東曹檜正憶梅開西寺花此日天涯傷逐客何年江上却

還家曾無一字堪驅使謾有虛名擬八叉

澗草巖花欲鬭纖溪風林雪故爭嚴連岐盡說還宜麥煮海何曾見作鹽路斷蹔憐無過客病餘兼喜曝晴簷謫居亦自多清絕門外群峯玉筍尖

次韻陸僉憲元日喜晴

城裏夕陽城外雪相將十里異陰晴也知造物曾何意底是人心苦未平栢府樓臺啣倒景茆茨松竹瀉寒聲布衾莫謾愁僵臥積素還多達曙明

元夕木閣山火

荒村燈夕偶逢晴野燒峯頭處處明肉苑但知鰲作

嶺九門空說火爲城天應爲我開奇觀地有茲山不
世情却恐炎威被松栢休教玉石遂同頳

夜宿汪氏園

小閣藏身一斗方夜深虛白自生光梁間來下徐生
榻座上慚無荀令香驛樹雨聲翻屋尾龍池月色浸
書床他年貴竹傳遺事應說陽明舊草堂

春行

冬盡西歸滿山雪春初復來花滿山白鷗亂浴清溪
上黃鳥雙飛緑樹間物色變遷隨轉眼人生豈得長
朱顏好將吾道從吾黨歸把漁竿東海灣

村南

花事紛紛春欲酣杖藜隨步過村南田翁開野敎新犢溪女分流浴種蠶稺犬吠人依窓槿鬧鳧照影立晴潭偶逢江客傳鄉信歸卧楓堂夢石龕

山途二首

上山見日下山陰陰欲開時日欲沉晚景無多傷遠道朝陽莫更沮雲岑人歸瞑市分漁火客舍空林依暮禽世事驗來還自領古人先已得吾心

南北驅馳任板輿謫鄉何地是安居家家細雨殘燈後處處荒原野燒餘江樹欲迷遊子望朔雲長斷故

人書茂陵多病終蕭散何事相如賦子虛

白雲

白雲冉冉出晴峰客路無心處處逢巳逐肩輿度青壁還隨孤鶴下蒼松此身愧爾長多繫他日從龍謾托踪斷鶩殘鴉飛欲盡故山回首意重重

答劉美之見寄次韻

休疑遷客迹全貧猶有沙鷗日見親勲業久辭滄海夢煙花多負故園春百年長恐終無補萬死寧期尚得身念我不勞傷鬢雪知君亦欲拂衣塵

寄徐掌教

徐稱今安在空梁榻夂懸北門傾蓋日東魯校文年歲月成超忽風雲易變遷新詩勞寄我不愧鳥鳴篇

書庭蕉

簷前蕉葉緑成林長夏全無暑氣侵但得雨聲連夜靜不妨月色半床陰新詩舊葉題將滿老芰踈梧恨共深莫笑鄭人談訟鹿至今醒夢兩難尋

送張憲長左遷滇南大叅次韻

世味知公最飽諳百年清德亦何慚栢臺藩省官非左江漢濵池道益南絕域煙花憐我遠今霄風月好誰談交遊若問居夷事爲說山泉頗自堪

南菴次韻二首

隔水樵漁亦幾家緣岡石路入溪斜松林晚映千峰雨楓葉秋連萬樹霞漸覺形骸逃物外未妨遊樂在天涯頻來不用勞僧榻已借汀鷗一席沙

斜日江波動客衣水南深竹見巖扉漁人收網舟初集野老忘機坐未歸漸覺雲間棲翼亂愁看天北暮雲飛年年歲晚長爲客閒殺西湖舊釣磯

觀傀儡次韻

處處相逢是戲場何須傀儡夜登堂繁華過眼三更促名利牽人一線長穉子自應爭詫説倭人亦復浪

悲傷本來面目還誰識且向樽前學楚狂

徐都憲同遊南菴次韻

巖寺藏春長不夏江花映日艷於桃山陰入戶川光暮林影浮空暑氣高樹老豈能知歲月溪清眞可鑑秋毫但逢佳景須行樂莫遣風霜着鬢毛

即席次王文濟少參韻二首

搖落休教感客途南來秋興未全孤肝腸已自成金石齒髮從渠變柳蒲傾倒酒懷金谷罰逼眞詞格輞川圖謫鄉莫道貧消骨猶有新詩了舊逋

此身未擬泣窮途隨處翻飛野鶴孤霜冷幾枝存晚

菊溪春雨度見新蒲荆西寇盜紓籌策湘北流移入畫圖莫怪當筵倍凄切誅求滿地促官逋

贈劉侍御二首

蹇以反身困以遂志今日患難正閣下受用處也知之則處此當自别病筆不能多及然其餘亦無足言者聊次韻某頓首劉侍御大人契長

相送溪橋未隔年相逢又過小春天憂時敢負君臣義念别羞爲兒女憐道自升沉寧有定心存氣節不無偏知君已得虛舟意隨處風波只晏然

夜寒

簷際重陰覆夜寒石爐松火坐更殘窮荒正訝鄉書絶險路仍愁歸夢難僊侶春風懷越嶠釣船明月負嚴灘未因謫宦傷憔悴容鬢還羞鏡裏看

冬至

客牀無寐聽潛雷珍重初陽夜半回天地未嘗生意息氷霜不耐鬢毛催春添袞線誰能補歲晚心丹自動灰料得重闈强健在早看消息報牕梅

春日花間偶集示門生

閒來聊與二三子單夾初成行暮春改課講題非我

事研幾悟道是何人階前細草雨還碧簷下小桃晴
更新坐起味歌俱實學毫釐須遣認教真

次韻送陸文順僉憲

貴陽東望楚山平無柰天涯又送行杯酒豫期傾蓋
日封書煩慰倚門情心馳魏闕星辰逈路遶鄉山草
木榮京國交游零落盡空將秋月寄猿聲

次韻陸僉憲病起見寄

一賦歸來不願餘文園多病滯相如籬邊竹笋青應
滿洞口桃花紅自舒荷蕢有心還擊磬周公無夢欲
删書雲間憲伯能相慰尺素長題問謫居

次韻胡少參見過

旋營小酌典春裘，佳客眞衝竟日留。長恠嶺雲迷楚望，忽聞吳語破鄉愁。鏡湖自昔堪歸老，杞國何人獨抱憂。莫訝臨花倍惆悵，賞心原不在枝頭。

雪中桃次韻

雪裏桃花強自春，蕭疎終覺損精神。却慚幽竹節逾勁，始信寒梅骨自眞。遭際本非甘冷淡，飄零須勝委風塵。從來此事還希濶，莫怪臨軒賞更新。

舟中除夕二首

扁舟除夕尚窮途，荆楚還憐俗未殊。處處送神懸楮

馬家家迎歲換桃符江醪信薄聊相慰世路多岐謾
自吁白髮頻年傷遠別縁未何日是庭趨
遠客天涯又歲除孤航隨處亦吾盧也知世上風波
滿還戀山中木石居事業無心從齒髮親交多難絶
音書江湖未就新春計夜半樵歌忽起予

漵浦山夜泊

漵浦山邊泊雲間見驛樓灘聲迴遠樹崖影落中流
柳放新年緑人歸隔歲舟客途時極目天北暮陰愁

過江門崖

三年謫宦沮蠻氛天放扁舟下楚雲歸信應先春鴈

到間心期與白鷗群晴溪欲轉新年色蒼壁多遺古
篆文此地從來山水勝它時回首憶江門

辰州虎溪龍興寺聞楊名父將到留韻壁間

杖藜一過虎溪頭何處僧房是惠休雲起峯頭沉閣
影林疎地底見江流煙花日煖猶含雨鷗鷺春閒欲
滿洲好景同來不同賞詩篇還爲故人留

武陵潮音閣懷元明

高閣憑虛臺十尋捲簾疎雨動微吟江天雲鳥自來
去楚澤風煙無古今山色漸疑衡嶽近花源欲問武
陵深新春尚沮東歸棹落日誰堪話此心

閣中坐雨

臺下春雲及寺門懶夫睡起正開軒烟蕪漲野平堤綠江雨隨風入夜喧道意蕭疏慚歲月歸心迢遞憶鄉園年來身迹如漂梗自笑迂疏欲手援

霽夜

雨霽僧堂鐘磬清春溪月色特分明沙邊宿鷺寒無影洞口流雲夜有聲靜後始知群動妄閑來還覺道心驚問津文已慚沮溺歸向東皐學耦耕

僧齋

盡日僧齋不厭閑獨餘春睡得相關簷前水漲遂無

地江外雲晴忽有山遠客趍墟招渡急舟人罷網得
魚還也知世事終無補亦復心存出處間

德山寺次壁間韻

乘興看山薄暮來山僧迎客寺門開雨昏碧草春申
墓雲捲青峰善卷臺性愛煙霞終是僻詩留名姓不
須猜岩根老衲成灰色枯坐何年解結胎

沅江晚泊二首

去時煙雨沅江暮此日沅江暮雨歸水漫遠沙村市
攺泊依舊店主人非草深廨亭無官住花落僧房自
鳥啼處處春光蕭索甚匡恩荆棘掩巖扉

春來客思獨蕭騷處處東田没野蒿雷雨滿江喧日夜扁舟經月住風濤流民失業乗時横原獸爭群薄暮號却憶鹿門栖隱地杖藜壺榼餉東皐

夜泊江思湖憶元明

扁舟泊近漁家晚茅屋深環柳港清雷雨驟開江霧散星河不動暮川平夢回客枕人千里月上春堤夜四更欲寄愁心無過鴈披衣坐聽野鷄鳴

睡起寫懷

江日熙熙春睡醒江雲飛盡楚山青閑觀物態皆生意静悟天機入窅冥道在險夷隨地樂心忘魚鳥自

流形未須更覓羲唐事一曲滄浪擊壤聽

三山晚眺

南望長沙杳靄中鷲峯只在暮雲東天高雙櫓哀鳴月江闊千帆舞逆風花暗漸驚春事晚水流應與客愁窮此飛亦有衡陽鴈上苑封書未易通

鷲峯山

福地相傳楚水阿三年春色兩經過峯亡但有初平石書罷誰籠道士鵞禮斗壇空松影靜步虛臺迥月明多巖房一宿猶緣薄遥憶開雲住薜蘿

泗洲寺

淥水西頭泗洲寺，經過轉眼又三年老僧熟認直呼姓笑我清癯只似前每有客來看宿處詩留佛壁作燈傳開軒掃榻還相慰慚愧維摩世外緣

再經武雲觀書林玉璣道士壁

碧山道士曾相約歸路還來宿武雲月滿僊臺依鶴侶書留蒼壁着鸞群春巖多雨林芳淡暗水穿花石溜分奔走連年家尚遠空餘魂夢到柴門

再過濂溪祠用前韻

曾向圖書識面真半生長自愧儒巾斯文久已無先覺 聖世今應有逸民 一自支離乖學術競將雕刻

費精神瞻依多少高山意水漫蓮池長緑蘋

陽明先生文録卷之十二

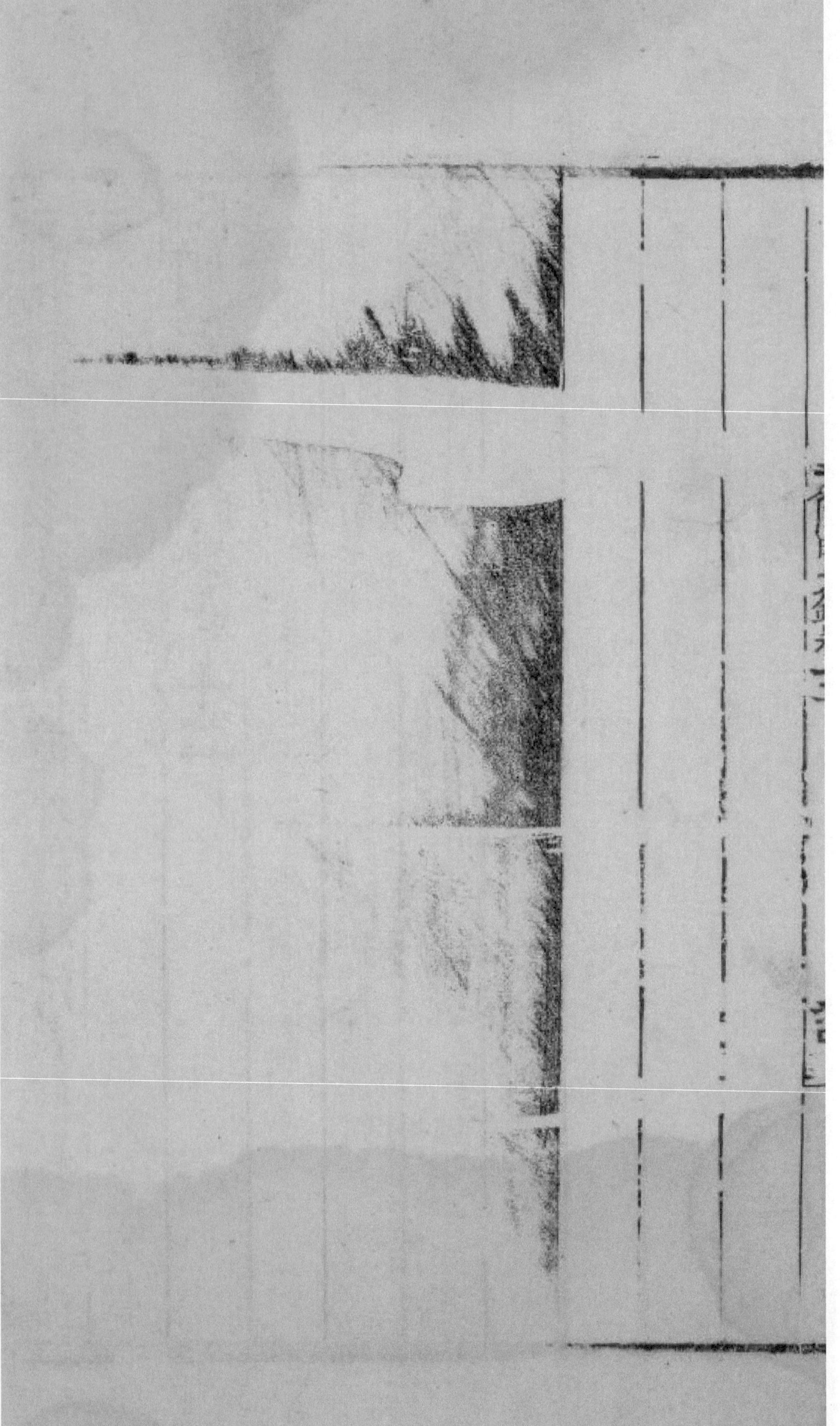

陽明先生文録卷之十三

廬陵詩三首 正德庚午年三月遷廬陵尹作

遊瑞華二首

簿領終年未出郊，此行聊觧俗人嘲。憂時有志懷先達，作縣無能愧舊交。松古尚存經雪幹，竹高還長拂雲稍。溪山處處堪行樂，正是浮名未易拋。

其二

萬死投荒不擬回，生還且復荷栽培。逢時已負三年學，治劇兼非百里才。身可益民寧論屈，志存經國未全灰。正愁不是中流柢，千尺狂瀾豈易摧。

古道

古道當長坂，肩輿入暮天。蒼茫聞驛鼓，冷落見炊烟。凍燭寒無焰，泥爐濕未燃。正思江檻外，閒卻釣魚船。

立春日道中短述

臘意中宵盡，春容傍曉生。野塘氷轉緑，江寺雪消晴。農事沾泥犢，羈懷聽谷鶯。故山梅正發，誰寄欲歸情。

公館午飯偶書

行臺依獨寺，僧屋自成鄰。殿古凝殘雪，墻低入早春。巷泥晴淖馬，簷日暖堪人。雲散小岩碧，松梢掛月新。

午憩香社寺

脩程動百里，往往餉僧居。佛鼓迎官急，禪牀爲客虚。桃花成井落，雲水接郊墟。不覺泥塗澁，看山興有餘。

京師詩二十四首 正德庚午年十月陞南京刑部主事，辛未年入覲調北京吏部主事作

夜宿功德寺次宗賢韻二絶

山行初試夾衣輕，脚軟黄塵石路生。一夜洞雲眠未足，湖風吹月渡溪清。

水邊楊柳覆亭楹，飲馬春流更一登。坐久遂忘歸路夕，溪雲正瀉暮山青。

別方叔賢四首

西樵山色遠依依東指江門石路微料得楚雲臺上
客久懸秋月待君歸

自是孤雲天際浮篋中枯藁豈相謀請君靜後看羲
畫曾有陳編一字否

休論寂寂與惺惺不妄由來即性情笑却慇懃諸老
子翻從知見覓虛靈

道本無爲只在人自行自住豈須鄰坐中便是天台
路不用漁郎更問津

白灣六章

宗巖文先生居白浦之灣四方學者稱曰白

浦先生而不敢以姓字其素高先生又屡爲之僚因爲書白灣二字幷詩以詠之

浦之灣其白漫漫彼美君子在水之盤

灣之浦其白瀰瀰彼美君子在水之涘

雲之溶溶于灣之湄君子于處民以爲期

雲之油油于灣之委君子于興施及四海

白灣之渚子遊以處彼美君子兮可以容與

白灣之洋于濯以湘彼美君子兮可以倘徉

寄隱巖

每逢山水地便有卜居心終歲風塵裏何年滄海濤

洞寒泉滴細花瞑石房深青壁須留姓他時好共尋

香山次韻

尋山到山寺得意却忘山巖樹坐來靜壁蘿春自閑樓臺星斗上鐘磬翠微間頓息塵寰念清溪蹋月還

夜宿香山林宗師房次韻二首

幽壑來尋物外情石門遥指白雲生林間伐木時聞響谷口逢僧不記名天壁倒涵湖月曉烟梯高接緯堵平松堂靜夜渾無寐到枕風泉處處聲

久落泥途惹世情紫崖丹壑是平生養眞無力常懷靜鶴禄未歸羞問名樹隱洞泉穿石細雲過溪路入

祿火及

花平道人只住層巔上明月峯頭有磬聲

別湛甘泉二首

行子朝欲發驅車不得留驪車下長坂顧見城東樓
遠別情已慘況此艱難秋分手訣河梁涕下不可收
車行望漸杳飛埃越層丘遲回岐路側孰知我心憂

其二

我心憂以傷君去阻且長一別豈得已毋老思所将
奉命危難際流俗反猜量黃鵠萬里逝豈伊爲稻粱
[illegible]毛羽燕雀猶棲堂跳梁多不測君行戒前途
達命諒何滯将毋能忽虞安居猶穽擭闊路非岐嶇

令德崇易簡，可以知險阻結茆湖水陰幽期終不忘
伊爾得相就我心亦何傷世艱瘼倏忽人命非可常
斯文天未墜别短會日長南寺春月夜風泉間竹房
逢僧或停檝先掃白雲床

贈别黃宗賢

古人戒從惡今人戒從善從惡乃同汙從善翻滋怨
紛紛嫉娼興指謫相非訕自非篤信士依違多背面
寧知竟漂流淪胥亦汙賤卓哉汪陂子奮身勇厥踐
拂衣還舊山霧隱期豹變嗟嗟吾黨賢自黑匪難辯

歸越詩五首 正德壬申年陞南京太僕寺少卿便道歸越作

四明觀白水二首

邑南富巖壑，白水尤奇觀。興來每思往，十年就茲溯。停驂指絕壁，涉澗緣危磴。百源阜方歇，雲際猶飛湍。霏霏灑林薄，漠漠凝風寒。前聞若未愜，仰視終莫攀。石陰暑氣薄，流觸遡迴瀾。茲遊詎盤樂，養靜意所關。逝者諒如斯，哀此歲月殘。擇幽鄰得所，避時時猶難。劉樊古方外，感慨有餘嘆。

千丈飛流舞白鸞，碧潭倒影鏡中看。藤蘿半壁雲烟濕，殿角長年風雨寒。野性從來山水癖，直躬更覺世途難。卜居斷擬如周叔，高卧無勞比謝安。

杖錫道中用張憲使韻

山鳥懽呼欲問名山花含笑似相迎風廻碧樹秋聲早雨過丹巖夕照明雪嶺插天開玉帳雲溪環碧抱金城懸燈夜宿茅堂靜洞鶴林僧相對清

又用曰仁韻

每逢佳處問山名風景依稀過眼生歸霧忽連千嶂暝夕陽偏放一溪晴晚投巖寺依雲宿靜愛楓林送雨聲夜久披衣還起坐不禁風月照人清

書杖錫寺

杖錫青冥端澗壁環天險垂巖下陡欹涉水攀絕巘

磴深聽喧瀑路絶駭危棧捫蘿登峻極披翳見平
僧逋寄孤衲守廢遺荒殿傷玆旁僻墟曾未誅求
探幽冥累息憤時翻意悇拯援才已踈棲遲心益
衰猿嘯春嶂懸燈宿西崦誅茆竟何時白雲愧舒卷

滁州詩三十六首 正德癸酉年到太僕寺作

梧桐江用韻

鳳鳥久不至梧桐生高岡我來竟日坐清陰灑衣裳
援琴俯流水調短意苦長遺音滿空谷隨風逝悠揚
人生貴自得外慕非所臧顏子豈忘世仲尼固遑遑
已矣復何事吾道歸滄浪

林間睡起

林間盡日掃花眠祇是官閒娩俸錢門徑不妨春草合齋居長對晚山妍每疑方朔非眞隱始信揚雄誤太玄混世非能隨地得野情終是愛丘園

贈熊彰歸

門徑荒凉蔓草生相求深娩遠來情千年絶學蒙塵土何處澄江無月明坐看遠山凝暮色忽驚庭葉起秋聲歸途望嶽多幽興爲問山田待耦耕

別易仲

辰州劉易仲從予滁陽一日問道可言乎予

曰啞子喫苦瓜與你說不得爾要知我苦還須你自喫易仲省然有悟乂之辭歸别以詩

迢遞滁山春子行亦何遠纍然良苦心惝恍不遑飯至道不外得一悟失群闇秋風洞庭波遊子歸已晚結蘭意方勤寸草心先斷末學乂仳離頹波竟誰挽歸哉念流光一逝不復返

送守中至龍盤山中

未盡師生六日情天教風雪阻西行茅堂豈有春風坐江郭虛留一月程客邸琴書燈火靜故園風竹夢魂清何年穩閉陽明洞榾柮山爐煮石羹

龍蟠山中用韻

無奈青山處處情村沽日日辦山行眞慚廩食虛官守只把幽遊作課程谷口亂雲隨騎遠林間飛雪點衣輕長思澹泊還眞性世味年來久絮羹

瑯琊山中三首

草堂寄放瑯琊間溪鹿巖僧且共閑氷雪能回草木死春風不化山石頑六經散地莫收拾叢棘被道誰刊刪已矣驅馳二三子鳳圖不出吾將還

狂歌莫笑酒盃增異境人間得未曾絕壁倒翻銀海浪遠山眞作玉龍騰浮雲野思春前動虛室清香靜

後凝懶拙惟餘林壑計伐檀長自媿無能

風景山中雪後增看山雪後亦誰曾隔溪巖犬迎人吠飲澗飛猱踔樹騰歸騎林間燈火動鳴鐘谷口暮光凝塵蹤正自繮籠在一宿雲房尚未能

答朱汝德用韻

東去蓬瀛合有津若爲風雨動經旬同來海岸登舟者俱是塵寰欲渡人弱水洪濤非世險長年三老定誰真青鸞耿耿無消息悵望烟花又暮春

送惟乾二首

獨見長年思避地相從千里欲移家憐予豈有萬間

庇借爾剛餘一席沙古洞幽期攀桂樹春溪歸路問桃花故人勞念還相慰回鴈新秋寄綵霞

簦笈連年愧遠求本來無物若爲酬春城驛路聊相送夜雪空山且復留江浦雲開廬嶽曙洞庭湖濶九疑浮懸知再鼓瀟湘柁應是芙蓉湘水秋

別希顏二首

中歲幽期亦幾人是誰長負故山春道情暗與物情化世味爭如酒味醇耶水雲門空舊隱青鞋布襪定何晨童心如故容顏改慚愧年年草木新

會難期別未輕莫辭行李滯江城且留南國春山

興共聽西堂夜雨聲歸路終知雲外去晴湖想見鏡中行爲尋洞裏幽棲處還有峰頭雙鶴鳴

山中示諸生五首

路絶春山久廢尋野人扶病强登臨同遊仙侶須乘興共探花源莫厭深鳴鳥遊絲俱自得閒雲流水亦何心從前却恨牽文句展轉支離嘆陸沉

其二

滁流亦沂水童冠得幾人莫負詠歸興溪山正暮春

其三

桃源在何許西峰最深處不用問漁人沿溪踏花去

其四

池上偶然到，紅花間白花。小亭閒可坐，不必問誰家。

其五

溪邊坐流水，水流心共閒。不知山月上，松影落衣班。

龍潭夜坐

何處花香入夜清，石林茅屋隔溪聲。幽人月出每孤往，棲鳥山空時一鳴。草露不辭芒屨濕，松風偏與葛衣輕。臨流欲寫猗蘭意，江北江南無限情。

送德觀歸省二首

雪裏閉門十日坐，開門一笑忽青天。茅簷正好負暄

日客予胡爲思故園椿樹慣經霜雪老梅花偏向歲
寒妍瑯琊春色如相憶好放山陰月下船
瑯琊雪是故園雪故園春亦瑯琊春天機動處即生
意世事到頭還俗塵立雪浴沂傳故事吟風弄月是
何人到家好謝二三子莫向長沮錯問津

送蔡希顏三首

正德癸酉冬希淵赴南宫試訪予滁陽遂留
閲歲既而東歸問其故辭以疾希淵與予論
學瑯琊之間於斯道既釋然矣别之以詩

風雪蔽曠野百鳥凍不翻孤鴻亦何事嗷嗷遡寒雲

豈伊稻粱計獨往求其群之子耿萬鍾就我滁水濱
野寺同遊諳春山共攀援鳥鳴幽谷曙伐木西澗曛
清夜湛玄思晴牕玩奇文寂景賞新悟微言欣有聞
寥寥絕代下此意冀可論

群鳥喧北林黃鵠獨南逝北林豈無枝羅弋苦難避
之子丹霞姿辭我雲門去山空響流泉路僻迷深樹
長谷何盤紆紫芝春可茹求志塹棲巖避喧寧遯世
緊予辱風塵送子媿雲霧匡時已無術希聖徒有志
倘入陽明峰爲尋舊棲處

何事憧憧南北行望雲依闕兩關情風塵暫息滁陽

駕鷗鷺還尋鑑水盟悟後六經無一字靜餘孤月湛虛明從知歸路多相憶伐木山山春鳥鳴

贈守中北行二首

江北梅花雪易殘山牕一樹自家看臨行掇贈聊數顆珎重清香是歲寒

來何匆促去何遲來去何心莫漫疑不爲高堂雙雪鬢歲寒寧受北風欺

鄭伯輿謝病還鹿門雪夜過別賦贈三首

之子將去遠雪夜來相尋秉燭耿無寐憐此歲寒心

歲寒豈徒爾何以贈遠行聖路塞已久千載無復尋

豈無群儒迹蹊徑榛莭深濬流須尋源積土成高岑

攬衣望遠道請君從此征

濬流須有源植木須有根根源未濬植枝泒寧先蕃

謂勝通夕話義利分毫間至理匪外得譬猶鏡本明

外塵蕩瑕垢鏡體自寂然孔訓示克己孟子垂反身

明明賢聖則請君勿與諼

鹿門在何許君今鹿門去千載龐德公猶存棲隱處

潔身匪亂倫其次乃避地世人失其心顧瞻多外慕

安宅舍弗居狂馳鶩奔騖高言詆獨善文非遂巧智

瑣瑣功利儒寧復知此意

門人王嘉秀實夫蕭琦子玉告歸書此見別意兼寄聲辰陽諸賢

王生兼養生蕭生頗慕禪迢迢數千里拜我滁山前吾道既匪佛吾學亦匪仙坦然由簡易日用匪深玄始聞半疑信既乃心豁然譬彼土中鏡闇闇光内全外但去昏翳精明燭媸妍世學如翦綵粧綴事蔓延宛宛具枝葉生理終無緣所以君子學布種培根原萌芽漸舒發暢茂皆由天秋風動歸思共鼓湘江船湘中富英彦往往多及門臨岐綴斯語因之寄拳拳

滁陽別諸友

滁陽諸友從遊送予至烏衣不能別及暮王性甫汝德諸友送至江浦必留居俟予渡江因書此促之歸并寄諸賢庶幾共進此學以慰離索耳

滁之水入江流江潮日復來滁州相思若潮水來往何時休空相思亦何益欲慰相思情不如崇令德掘地見泉水隨處無弗得何必驅馳爲千里遠相即君不見堯羹與舜墻又不見孔與跖對面不相識逆旅主人多慇懃出門轉眄成路人

寄浮峰詩社

曉涼庭院步新秋微月初生亦滿樓千里故人誰念
雋百年多病有孤舟風霜草木驚時態砧杵關河動
遠愁飲水曲肱吾自樂茆堂今在越溪頭

棲雲樓坐雪二首

纔看庭樹玉森森忽漫階除已許深但得諸生遲夕
坐不妨老子半酣吟瓊花入座能欺酒氷溜垂簷欲
墮針却憶征南諸將士未禁寒夜鐵衣沉

此日棲雲樓上雪不知天意為誰深忽然夜半一言
覺又動人間萬古吟玉樹有花難結果天機無線可
通針曉來不覺城頭鼓老懶羲皇睡正沉

與商貢士二首

見說浮山麓，深林遶石溪。何時拂衣去，三十六巖棲。

其二

見說浮山勝，心與浮山期。三十六巖內，爲選一巖奇。

南都詩四十七首 正德甲戌年四月陞南京鴻臚寺卿作

題歲寒亭贈汪尚和

一覺紅塵夢欲殘，江城六月滯風湍。人間炎暑無逃遯，歸向山中卧歲寒。

與徽州程畢二子

句句糠粃字字陳，却於何處覓知新。紫陽山下多豪

俊應有吟風弄月人

山中懶睡四首

竹裏藤床識懶人脫巾山麓任吾眞謫夫久已逃方外不受人間禮數嗔

掃石焚香任意眠醒來時有客談玄松風不用蒲葵扇坐對青崖百丈泉

古洞幽深絶世人石床風細不生塵日長一覺羲皇睡又見峰頭上月輪

人間白日醒猶睡老子山中睡却醒醒睡兩非還兩是溪雲漠漠水泠泠

◎

題灌山小隱二絶

茆屋山中早晚成任他風雨任他晴男婚女嫁多年
畢不待而今學向平

一自移家入紫煙深林住久遂忘年山中莫道無供
給明月清風不用錢

六月五章

六月乙亥南都熊峯少宰石公以少宗伯召
南都之士聞之有惻然而戚者有欣然而喜
者其戚者曰公端介敏直方爲留都所倚重
今茲往善類失所恃群小罔以嚴辯惑考學

者曷從而討究剖政斷疑者曷從而咨決由都非根本地乎而獨不可以公遺之其喜者曰公之端介敏直寧獨留都所倚重其在京師獨無善類乎獨無群小乎獨無辯惑考學剖政斷疑者乎且天子之召之也亦寧以少宗伯將必大用大用則以庇天下期彙征之慶也公聞之曰戚者非吾之所敢喜者乃吾之所憂也吾思所以逃吾之憂者而不得其道若之何陽明子素知于公旣以戚衆之戚喜衆之喜而復憂公之憂乃叙其事爲賦六

月庸以贈公之行

六月淒風七月暑雨倏雨倏寒道脩以沮允允君子迪爾寢興毋沾爾行國步斯頻

哀此下民靡屆靡極不有老成其何能國吁嗟老成獨遺典刑若屋之傾尚支其楹

心之憂矣言靡有所如彼喑人食荼與苦依依長谷言采其芝人各有能我歸孔時

昔彼叔季沉湎以逞羣集以咨我人自靖允允君子淑慎爾則靡曰休止民何干極

日月其逝如彼滄浪南北其望如彼參商允允君子

毋沾爾行如日之升以曷不光

守文弟歸省携其手歌以别之

爾來我心喜爾去我心悲不爲倚門念吾寧舍爾歸
長途正炎暑爾行慎興居凉茗勿頻啜節食但無飢
勿去船旁立勿登岸上嬉收心每澄坐適意時觀書
申洪皆冥頑不足長嗔笞見人勿多說慎默眞如愚
接人莫輕率忠信持謙卑從來爲己學慎獨乃其基
紛紛多嗜欲爾病還爾知到家良足樂怡顏報重闈
昨秋童蒙去今夏成人歸長者愛爾敬少者悦爾慈
親朋稱嘖嘖羨爾能若茲信哉學問功所貴在得師

吾匪崇外飾欲爾沽名爲望爾日慥慥聖賢以爲期

九兄及印弟誦此共勉之

書扇面寄館賓

湖上群山落照晴湖邊萬木起秋聲何年歸去陽明

洞獨棹扁舟鑑裡行

用實夫韻

詩從雪後吟偏好酒向山中味轉佳巖瀑隨風雜鐘

磬水花如雨落袈裟

游牛首山

春尋桔天闕煙霞恥何許雙峰乂相違千巖來舊主

浮雲刺中天飛閣凌風雨探秀澗阿入蘿陰息篁筥
滅迹避塵纓清朝入深沮風磴仰們歷淙聲屢窺俯
梯雲躋石閣下榻得吾所釋子上方候鳴鐘出延佇
頽景耀回眄層飈翼輕舉暖暖林芳暮泠泠石泉語
清宵耿無寐峰月升烟宇會晤得良朋可以寄心腑

送徽州洪倢承瑞

平生舉業最踈慵挾冊虛煩五月從竹院檢方時論
藥㳊堂放鶴或開籠憂時漫有孤忠在好古全無一
藝工念我還能來夜雪逢人休說坐春風

病中大司馬喬公有詩見懷次韻奉答二首

十日無緣拜後塵病夫心地欲生榛詩篇極見憐才
意伎倆慚非可用人黄閣望公長秉軸滄江容我老
垂綸保鳌珍重回天手會看春風萬木新
一自多岐分路塵堂堂正道遂生榛聊將膚淺窺前
聖敢謂心傳啓後人淮海帝圖須節制雲雷大造看
經綸枉勞詩句裁風雅欲借盤銘獻日新

送諸伯生歸省

天涯送爾獨傷神歲月龍山夢裏春爲謝江南諸故
舊起居東嶽太夫人閑中書卷堪時展静裏工夫要
日新能向塵途薄軒冕不妨蓑笠老江濱

寄馮雪湖二首

竿竹誰隱扶桑東白眉之叟今龐公隔湖聞鷄謝野
接漢海有鶴蓬山通鹵田經歲苦秋雨浪痕半壁鶯
湖風歌聲屋低似金石點也此意當能同
海岸西頭湖水東他年簑笠擬從公釣沁碧海群鷗
借樵徑青雲一鳥通席有春陽堪坐雲門垂五柳好
吟風于今猶是天涯夢悵望青霄月色同

諸用文歸用子美韻爲別

一別烟雲歲月深天涯相見二毛侵孤帆江上親朋
意樽酒燈前故國心冷雪晴林還作雨鳥聲幽谷自

成吟飲餘莫上峰頭望烟樹迷茫思不禁

題王實夫畫

隨處山泉着草廬底須松竹掩柴扉天涯遊子何曾出晝（畫）囊孤帆未是歸小酉諸峯開夕照虎溪春寺入烟霏他年還向辰陽望却憶題詩在翠微

贈潘給事

五月滄浪濯足歸正堪荷葉製初衣甲非乙是君休問酉水辰山志未違沙鳥不須疑雀舫江雲先為掃魚磯武陵溪壑猶深僻莫更移家入翠微

與沅陵郭掌教

記得春眠寺閣雲松林水鶴

日爲群諸生問業衡居入稚子拈香靜夜焚世事暗隨江草換道情曾許碧山聞別來點瑟還誰鼓悵望烟花此送君

別族太叔克彰

情深宗族誼同方消息那堪別後荒江上相逢疑未定天涯獨去意重傷身閑最覺湖山靜家近殊聞草木香雲路莫嗟遲發軔世途崎曲盡羊腸

登憑虛閣和石少宰韻

山閣新春負一登酒邊孤興晚堪乘松間鳴瑟驚棲鶴竹裏茶烟起定僧望遠每來成久坐傷時有涕恨

無能峰頭見說連閶闔幾欲排雲尚未曾

登閱江樓

絕頂樓荒舊有名　高皇曾此駐龍旌險存道德虛天塹守在蠻夷豈石城山色古今餘王氣江流天地變秋聲登臨授簡誰能賦千古新亭一愴情

獅子山

殘暑須還一雨清高峰極目快新晴海門潮落江聲急吳苑秋深樹腳明烽火正防胡騎入羽書愁見朔雲橫百年未有消埃報白髮今朝又幾莖

遊清涼寺三首

春尋載酒本無期乘興還嫌馬足遲古寺共憐春草沒遠山偏與夕陽宜雨晴瀾竹消蒼粉風煖巖花落紫蘂昏黑更須凌絕頂高懷想見少陵詩

其二

積雨山行巳後期更堪多病益遲遲風塵漸覺初心負丘壑真於野性宜綠樹陰層新作蓋紫蘭香細尙餘蕤輞川圖畫能如許絕是無聲亦有詩

其三

不顧尙書此日期欲爲花外板輿遲繫絲急管人人醉竹徑松堂處處宜雙樹暗芳春寂寞五峯晴秀晚

◎

羲[illegible]暮鍾杳杳催歸騎惆悵煙光不盡詩

寄張東所次前韻

遠趨君命忽中違此意年來識者稀黃綺曾爲炎祚出子陵終向富春歸江船一話千年闊塵夢今驚四十非何日孤帆過天目海門春浪掃魚磯

別余縉子紳

不須買棹往來頻我亦携家向海濱但得青山隨鹿豕未論黃閣畫麒麟喪心疾已千年痼起死方存六籍真歸向蘭溪溪上問桃花春水正迷津

送劉伯光

五月茅茨靜竹扉論心方洽忽辭歸滄江獨棹衝新暑白髮高堂戀夕暉謾道六經皆註脚還誰一語悟眞機相知若問年來意已傍西湖買釣磯

冬夜偶書

百事支離力不禁一官棲息病相侵星辰魏闕江湖逈松栢茅茨歲月深欲倚黃精消白髮由來空谷有餘音曲肱已醒浮雲夢荷蕢休疑擊磬心

寄潘南山

秋風吹散錦溪雲一笑南山雨後新詩妙盡從言外得易微誰見畫前眞登山脚健何妨老留客情深不

許翁采呂月林傳故事他年還許卜西鄰

送胡廷尉

鍾陵雪後市燈殘簫鼓江船發曉寒山水總憐南國好才猷須濟朔方艱綵衣得侍仙舟遠春色行應故里看別去中宵瞻北極五雲飛處是長安

與郭子全

相別翻憐相見時碧桃開盡桂花枝光陰如許成虛擲世故催人總不知雲路不須朱綬去歸帆且得綵衣隨嵐山風景濂溪近此去還應自得師

次欒子仁韻送別四首

子仁歸以四詩請用其韻答之言亦有過者

蓋因子仁之病而藥之病已則去其藥

從來尼父欲無言須信無言已躍然悟到鳶魚飛躍
處工夫原不在陳編

操持存養本非禪矯枉寧知已過偏此去好從根脚
起竿頭百尺未須前

野夫非不愛吟詩才欲吟詩即亂思未會性情涵泳
地二南還合是淫辭

道聽塗傳影響前可憐絕學遂多年正須閉口林間
坐莫道青山不解言

書悟眞篇答張太常二首

悟眞篇是誤眞篇三註由來一手箋恨殺妖魔圖利益遂令迷妄競流傳造端難免張平叔首禍誰誣薛紫賢

直說與君惟箇字從頭去看野狐禪

悟眞非是悟眞篇平叔當時已有言只爲世人多戀着且從情欲起因緣痴人前豈堪談夢眞性中難更說玄爲問道人還具眼試看何物是青天

贛州詩三十二首

正德丙子年九月陞南贛僉都御史以後作

丁丑二月征漳寇進兵長汀道中有感

將略平生非所長也提戎馬入汀漳數峰斜日旌旗

遠一道春風鼓角揚莫倚貳師能出塞極知充國善平羌瘡痍到處曾無補翻憶鍾山舊草堂

回軍上杭

山城經月駐旌戈亦復幽尋到薜蘿南國巳忻回甲馬東田初喜出農蓑溪雲曉度千峰雨江漲新生兩岸波暮倚七星瞻北極絶憐蒼翠晩來多

喜雨三首

即看一雨洗兵戈便覺光風轉石蘿順水飛檣來賈舶絶江喧浪舞漁蓑片雲東望懷梁國五月南征想伏波長擬歸耕猶未得雲門初伴漸無多

轅門春盡猶多事竹院空閒未得過特放小舟乘急
浪始開幽壁出層巒山田旱久兼逢雨野老歡騰且
縱歌莫謂可塘終據險地形原不勝人和
吹角峰頭曉散軍橫空萬騎下氤氳前旌巳帶洗兵
雨飛鳥猶驚捲陣雲南畝漸忻農事動東山休共凱
歌聞正思鋒鏑堪揮淚一戰功成未足云
聞日仁買田雩上携同志待予歸二首
見說相携雩上耕連簑應巳出烏程莾畬初墾功須
倍秋熟雖微稅亦輕雨後湖舠兼學釣餉餘堤樹合
閒行山人久有歸農興猶向千峰夜度兵

月色高林坐夜沉，此時何限故園心。山中古洞陰蘿合，江上孤舟春水深。百戰自知非舊學，三驅猶媿失前禽。歸期久負雲門伴，獨向幽溪雪後尋。

祈雨二首

旬初一雨遍汀漳，將謂汀虔是接疆。天意豈知分彼此，人情端合有炎涼。月行今已虛纏畢，斗杓何曾解揭箕。夜起中庭成久立，正思民瘼欲沾裳。

見說虔南惟苦雨，深山毒霧長陰陰。我來偏遇一春旱，誰解挽回三日霖。寇盜郴陽方出掠，干戈塞北還相尋。憂民無計淚空墮，謝病幾時歸海潯。

還贛

積雨雲都道山途喜昨晴溪流遲渡馬岡樹隱前旌野屋多移竈窮苗尚沮兵迎趨勤父老無補媿巡行

借山亭

借山亭子近如何乘興時從夢裏過尚想清池環醉影猶疑花徑駐鳴珂踈簾細雨燈前局碧樹涼風月下歌傳語諸公合頻賞休令歲月亦蹉跎

桶岡和邢太守韻二首

處處山田盡入畬可憐黎庶半無家興師正為民痍甚涉險寧辭鳥道斜勝勢眞如瓴水建先聲不得當

雲遮窮巢谷有遭驅脅尚恐兵鋒或濫加

戢亂興師旣有名揮戈眞已見風行豈云薄劣能[illegible]策實欲　皇威自震驚爛額尚慚爲上客徙薪尤豈費經營主恩未報身多病旋凱須還隴上耕

通天巖

青山隨地佳豈必故園好但得此身閑塵寰亦蓬島西林日初暮明月來何早醉卧石牀涼洞雲秋未掃

遊通天巖次鄒謙之韻

天風吹我上丹梯始信青霄亦可躋俯視氛環成獨慨却憐人世尚多迷東南眞境埋名久閩楚諸峯入

望低莫道仙家全脱俗三更日出亦聞鷄

又次陳惟濬韻

四山落木正秋聲獨上高峰望眼明樹色遥連閩嶠碧江流不盡楚天清雲中想見雙龍轉風外時傳一笛横莫遣新愁添白髮且呼明月醉沉觥

坐忘言巖問二三子

幾日巖棲事若何莫將佳景復虛過未妨雲壑淹留久終是塵寰錯誤多澗道霜風疎草木洞門煙月掛藤蘿不知相繼來遊者還有吾儕此意麽

留陳惟濬

聞說東歸欲問舟清遊方此復離憂却看陰雨相沈
滯莫道山靈獨苦留薜荔巖高兼得月桂花香滿正
宜秋煙霞到手休輕擲塵土驅人易白頭

棲禪寺雨中與惟乾同登

絕頂深泥冒雨扳天於佳景亦多慳自憐久客頻移
棹頗羨高僧獨閉關江草遠連雲夢澤楚雲長斷九
嶷山年來出處渾無定慚愧沙鷗盡日閒

茶寮紀事

萬壑峰前秋正哀四山雲霧曉初開不因王事兼程
入安得閑行向此來登陟未妨安石興縱擒徒羨孔

明才乞身巳擬旋師日歸掃溪邊舊釣臺

回軍九連山道中短述

百里妖氛一戰清萬峰雷雨洗回兵未能干羽苗頑格深媿壺漿父老迎莫倚謀攻爲上策還須内治是先聲功微不願希侯賞但乞蠲輸絕横征

回軍龍南小憩玉石巖雙洞絕奇徘徊不忍去因寓以陽明別洞之號兼留此作三首

甲馬新從鳥道回覽奇還更陟崔嵬寇平漸喜流移復春煖兼欣農務開兩竇高明行日月九關深黑閉風雷投簪最好支茅地戀土猶懷舊釣臺

洞府人寰此最佳，當年空自費青鞵。摩幢旖旎懸仙仗，臺殿高低接緯階。天巧固應非斧鑿，化工無乃太安排。欲將點瑟携童冠，就攬春雲結小齋。

陽明山人舊有居，此地陽明景不如。但在乾坤俱逆旅，曾留信宿即吾廬。行窩已許人先號，別洞何妨我借書。他日巾車還舊隱，應懷兹土復鄉閭。

再至陽明別洞和邢太守韻二首

春山隨處款歸程，古洞幽虛道意生。澗壑風泉時遠近，石門蘿月自分明。林僧住久炊遺火，野老忘機罷席爭。習靜未緣成久坐，卻慚塵土逐虛名。

山水平生是課程一淹塵土遂心生耦耕亦欲隨沮溺七縱何緣得孔明吾道年腸須蠖屈浮名蝸角任龍爭好山當面馳車過莫漫尋山說避名

夜坐偶懷故山

獨夜殘燈夢未成蕭蕭窻外故園聲草深石徑鼪鼯笑雪靜空山猿鶴驚漫有緘書懷舊侶常牽纓冕負初情雲溪漠漠春風轉紫菌黃花又自生

懷歸二首

深慚經濟學封侯都付浮雲自去留往事每因心有得身閒方喜世無求狼烟幸息昆陽患蠡測空懷杞

國憂一笑海天空瀾外從知吾道在滄洲

身經多難早知非此事年來識者稀老大有情成腐德細謀無計解重圍意常不足真夷道情到方濃是險机悵望衡茅無事日漫吹松火織秋衣

送德聲叔父歸姚 并序

守仁與德聲叔父共學於家君龍山先生叔父屢困場屋一旦以親老辭廩歸養交遊强之出輒笑曰古人一日養不以三公易吾豈以一老母博一弊儒冠乎若叔父真知内外輕重之分矣今年夏來贛視某留三月飄然

歸輿不可挽因謂某曰秋風蓴鱸知子之興無日不切然時事若此恐即未能脫吾不能俟子之歸舟吾先歸爲子開荒陽明之麓如何嗚呼若叔父可謂眞知内外輕重之分矣某方有詩戒叔父曰吾行子可無言輒爲賦此

猶記垂髫共學年千今鬢髮兩蒼然窮通只好浮雲看歲月眞同逝水懸歸鳥長空隨所適秋江落木正無邊何時却返陽明洞蘿月松風掃石眠

示憲兒

幼兒曹聽教誨勤讀書要孝弟學謙恭循禮義節飲食戒遊戲毋說謊毋貪利毋任情毋鬬氣毋責人但自治能下人是有志能容人是大器凡做人在心地心地好是良士心地惡是兇類譬樹菓心是蔕蔕若壞菓必墜吾教汝全在是汝諦聽勿輕棄

贈陳東川

白沙詩裏眘陽子盡是相逢逆旅間開口向人談古禮拂衣從此入雲山

陽明先生文録卷之十三

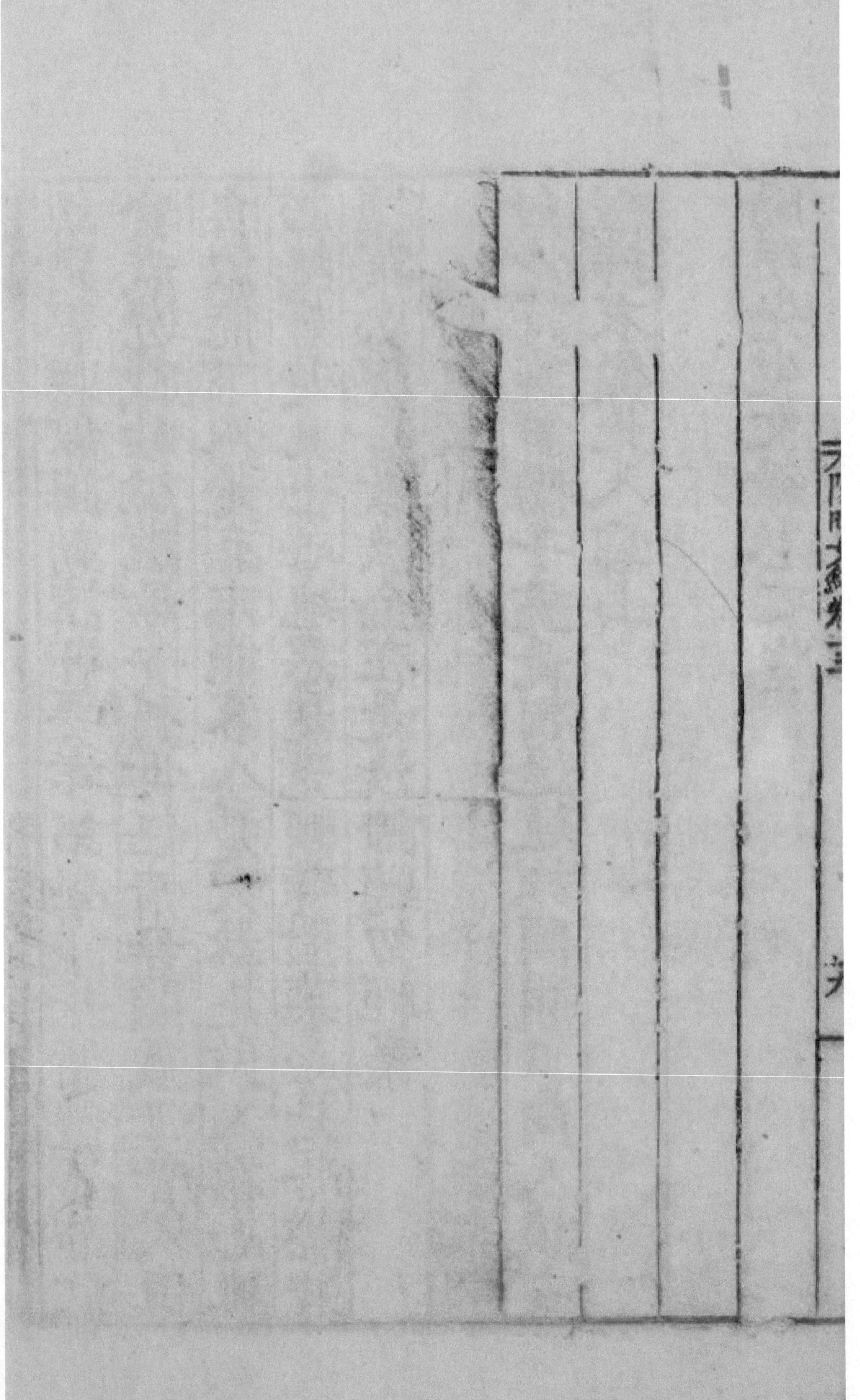